# IL LIBRO DI CUCINA DEL RISOTTO GOURMET

100 RICETTE DI RISOTTI ITALIANI PER PADRONEGGIARE LE VOSTRE ABILITÀ CULINARIE

PELLEGRINO ANGELO

## Tutti i diritti riservati.

## Disclaimer

Le informazioni contenute in questo eBook intendono servire come una raccolta completa di strategie su cui l'autore di questo eBook ha svolto ricerche. Riepiloghi, strategie, suggerimenti e trucchi sono consigliati solo dall'autore e la lettura di questo eBook non garantisce che i risultati rispecchino esattamente i risultati dell'autore. L'autore dell'eBook ha compiuto ogni ragionevole sforzo per fornire informazioni aggiornate e accurate ai lettori dell'eBook. L'autore e i suoi associati non saranno ritenuti responsabili per eventuali errori o omissioni non intenzionali che potrebbero essere trovati. Il materiale contenuto nell'eBook può includere informazioni di terzi. I materiali di terze parti comprendono le opinioni espresse dai loro proprietari. In quanto tale, l'autore dell'eBook non si assume alcuna responsabilità per materiale o opinioni di terze parti.

L'eBook è copyright © 2022 con tutti i diritti riservati. È illegale ridistribuire, copiare o creare lavori derivati da questo eBook in tutto o in parte. Nessuna parte di questo rapporto può essere riprodotta o ritrasmessa in alcun modo riprodotta o ritrasmessa in qualsiasi forma senza l'autorizzazione scritta espressa e firmata dall'autore.

# SOMMARIO

SOMMARIO ................................................................................................ 3

INTRODUZIONE ........................................................................................ 7

# RISOTTO CARNAROLI ............................................................................ 9

    1. RISOTTO ALLA ZUCCA .................................................................... 10

    2. RISOTTO ALLA ZUCCA .................................................................... 13

    3. RISOTTO DI PRIMAVERA ALLE VERDURE ........................................ 16

    4. RISOTTO PANCETTA E POMODORO ................................................ 19

# RISOTTO ARBORIO ............................................................................... 22

    5. RISOTTO PISELLI E PROSCIUTTO .................................................... 23

    6. RISOTTO PROSCIUTTO E ASPARAGI PRIMAVERA ........................... 27

    7. RISOTTO PANCETTA CON RADICCHIO ............................................ 31

    8. RISOTTO SALSICCIA CON RADICCHIO ............................................ 34

    9. RISOTTO ALLE CASTAGNE ALLE ERBE ........................................... 37

    10. CIAO RISOTTO DI MEIN ................................................................ 40

    11. RISOTTO ALLA SALSICCIA ITALIANA ............................................ 43

    12. RISOTTO-OREGON NOCCIOLA-SALSICCIA ................................... 46

    13. PIEDINI DI VITELLO CON RISOTTO ALLO ZAFFERANO ................. 49

    14. RISOTTO DI MANZO E UVETTA ALLA GRIGLIA ............................. 52

    15. RISOTTO ALLA BOLOGNESE AL FORNO ....................................... 56

    16. RISOTTO CON AGNELLO IN CASSERUOLA ................................... 60

    17. RISOTTO ALL'OSSOBUCO .............................................................. 64

    18. RISOTTO FILETTO DI MANZO E PORRI ......................................... 67

    19. RISOTTO DI POLLO CON CAVOLO NERO ...................................... 71

    20. RISOTTO ALLA ZUCCA CON ANATRA ........................................... 74

    21. RISOTTO DI POLLO AL PARMIGIANO ............................................ 77

    22. RISOTTO ALL'ORZO CON POLLO .................................................. 80

    23. RISOTTO DI RISO SPORCO ........................................................... 83

    24. RISOTTO AI FEGATINI D'ANATRA ................................................. 86

    25. RISOTTO ALLE VERDURE .............................................................. 90

    26. RISOTTO CHEDDAR E CIPOLLOTTI ............................................... 93

27. Risotto alla barbabietola .................................................................... 96
28. Risotto alle zucchine ........................................................................ 99
29. Risotto alle verdure al verde ........................................................... 102
30. Risotto All'Aglio Con Quaglia ....................................................... 105
31. Risotto ai carciofi ........................................................................... 109
32. Risotto alla milanese ...................................................................... 112
33. Risotto Orzo con cavolo nero ....................................................... 115
34. Preparato per risotto al bulgur ..................................................... 118
35. Risotto alle verdure autunnali ...................................................... 120
36. Risotto ai finocchi e pistacchi ...................................................... 124
37. Risotto spinaci e tofu .................................................................... 127
38. Risotto al miele e orzo tostato ..................................................... 130
39. Risotto di patate dolci alle erbe ................................................... 133
40. Risotto al microonde .................................................................... 136
41. Risotto giapponese ai funghi ........................................................ 139
42. Risotto all'aceto balsamico ........................................................... 142
43. Risotto ai mirtilli con porcini ....................................................... 145
44. Risotto carote e broccoli ............................................................... 148
45. Risotto ai finferli ........................................................................... 152
46. Risotto ai porcini e tartufo ........................................................... 155
47. Risotto Puschlaver ........................................................................ 158
48. Risotto allo champagne ................................................................ 161
49. Risotto ai funghi con pecorino ..................................................... 164
50. Risotto ai funghi e riso selvatico .................................................. 167
51. Risotto funghi e spinaci ................................................................ 170
52. Torta Di Risotto Con I Funghi .................................................... 173
53. Risotto uova e germogli di soia .................................................... 176
54. Risotto al pomodoro e funghi ...................................................... 179
55. Risotto agli asparagi e funghi ....................................................... 183
56. Risotto alle verdure autunnali ...................................................... 186
57. Risotto vegano .............................................................................. 190
58. Risotto vegano ai funghi ............................................................... 193
59. Risotto Farro Con Funghi ............................................................ 198
60. Risotto Zucchine E Piselli ............................................................ 201
61. Risotto porri e parmigiano ........................................................... 204
62. Risotto al cavolo cappuccio .......................................................... 207

63. Risotto ai gamberi con capesante .................................................. 210
64. Risotto al granchio con spinaci e piselli ....................................... 213
65. Risotto al salmone affumicato a caldo ........................................ 217
66. Risotto al granchio al burro ........................................................ 219
67. Risotto alle cozze ........................................................................ 222
68. Risotto ai crostacei ..................................................................... 226
69. Risotto ai gamberi alla Cajun .................................................... 230
70. Torta di granchio e risotto alle cipolle verdi ............................ 233
71. Risotto al salmone ...................................................................... 238
72. Risotto ai gamberi ...................................................................... 242
73. Risotto di pesce al rosmarino alla griglia ................................. 245
74. Risotto alle triglie ....................................................................... 248
75. Risotto all'aragosta al curry ....................................................... 251
76. Risotto con polpa di granchio ................................................... 255
77. Risotto ai gamberi ...................................................................... 258
78. Risotto ai calamari ..................................................................... 262
79. Risotto di rana pescatrice allo zafferano .................................. 266
80. Risotto alla marinara .................................................................. 269
81. Risotto agli scampi ..................................................................... 272
82. Risotto al mais al formaggio ..................................................... 275
83. Risotto Iotiano ............................................................................. 278
84. Risotto al cous cous con pecorino ............................................. 281
85. Risotto alla milanese .................................................................. 284
86. Risotto ai tre formaggi ............................................................... 287
87. Risotto Jalapeño con formaggio Jack ....................................... 290
88. Risotto porri e mascarpone ........................................................ 293
89. Risotto al pesto di noci ............................................................... 296
90. Risotto alle otto erbe .................................................................. 299
91. Risotto al vino bianco frizzante ................................................. 302
92. Risotto alle mele ......................................................................... 305
93. Frittelle di risotto alle fragole ................................................... 308
94. Risotto zucca e mele ................................................................... 311
95. Risotto all'arancia ....................................................................... 315
96. Risotto pesca e uvetta ................................................................. 318
97. Risotto agli agrumi ..................................................................... 321

**VIALONE NANO** ........................................................................................ **324**
    98. Risotto ai quattro formaggi ........................................................ 325
**RISOTTO BALDO** ..................................................................................... **328**
    99. Risotto ai funghi e asparagi ....................................................... 329
    100. Risotto Spinaci E Funghi Di Stagione ........................................ 333
**CONCLUSIONE** ...................................................................................... **337**

# INTRODUZIONE

## Perché il riso è così importante nel risotto

Il risotto, nella sua forma più semplice, è il riso cotto nel brodo. Il riso è la star qui perché produce amido: la continua agitazione durante il processo di cottura sfrega l'amido dalla superficie del riso, dove si dissolve e addensa il liquido di cottura. Scegliere un riso che non ha abbastanza amido significa che la cremosità tipica di un buon risotto non verrà mai raggiunta.

Allora cosa rende un buon risotto per risotto? Cerca il riso di dimensioni medio-corte, grassoccio e con un alto contenuto di amilopectina (amido). Questi tipi di riso resistono bene anche alla continua agitazione: la consistenza finale è morbida, ma presenta una leggera masticazione al centro di ogni chicco.

## Tipi di Risotto Riso

A. **Carnaroli:** Chiamato il "re" o il "caviale" del risotto, gli chef amano usarlo per il suo ottimo sapore e perché ogni chicco mantiene la sua forma. Produce anche il risotto più cremoso ed è più tollerante con cui cucinare.

B. **Arborio:** Questa varietà di riso non è amidacea come il carnaroli, ma è la più diffusa. Questo riso a grana media può essere facile da cuocere o rendere molliccio, ma con un'attenta attenzione può comunque fare un ottimo risotto.

C. **Vialone Nano:** Til suo riso a grana corta viene coltivato nella regione italiana del Veneto e non può essere coltivato con prodotti chimici. Ha un alto contenuto di amido, cuoce più velocemente dei carnaroli e produce un risotto molto cremoso.

D. **Baldo:** il riso Baldo è un riso grassoccio, lavorato, a grana corta coltivato in Turchia. I chicchi sono amidacei e possono assorbire molta umidità, lo rende molto cremoso e tenero e mantiene bene la sua forma una volta cotto. Il riso Baldo è un'ottima scelta per risotti, paella e pilaf turchi.

E. **Cal riso:** questo è un riso a grana media. Una volta cotto, diventa leggermente morbido e appiccicoso, il che lo rende ideale per piatti in cui i grani devono reggere, come sushi, zuppe o insalate. Il riso Calrose ha anche un sapore molto delicato, il che significa che può assorbire facilmente qualsiasi ingrediente audace, come erbe e spezie

F. **Maratelli:** Il riso Maratelli è una varietà che è stata selezionata naturalmente dai campi di Asigliano Vercellese nel nord-ovest dell'Italia. È una varietà a maturazione precoce e fa parte del gruppo dei risi 'semifini'.

# RISOTTO CARNAROLI

# 1. Risotto alla zucca

Serve 4

## Ingredienti:

- 75 g di pancetta tagliata spessa o pancetta affumicata striata di prima qualità, a cubetti
- 1 cipolla di media grandezza, tritata
- 500 g (1 libbra 2 oz) di zucca arancione matura o zucca butternut, sbucciata, senza semi e tritata
- sale marino e pepe nero appena macinato
- 400 g di riso Carnaroli
- 1,2 litri (2 pinte) circa di brodo vegetale o di pollo, tenuto a bollore
- una manciata di prezzemolo fresco tritato finemente
- 1 cucchiaino di succo di limone o aceto di vino bianco
- 2 cucchiai di burro non salato
- 3 cucchiai colmi di Grana Padano fresco grattugiato

## Indicazioni:

a) Fate soffriggere la pancetta in una pentola capiente dal fondo spesso fino a quando il grasso non scorre, quindi aggiungete la cipolla e fatela appassire fino a quando non si sarà ammorbidita.

b) Aggiungere la zucca e cuocere dolcemente con la cipolla e la pancetta fino a quando non saranno morbide e mollicce.

c) Aggiungere il riso e farlo tostare accuratamente da tutti i lati, quindi iniziare ad aggiungere il brodo, mescolare e lasciare che il riso assorba il liquido, aggiungere altro brodo, condire a piacere e quando il riso avrà assorbito il liquido, aggiungerne altro.

d) Continuare in questo modo fino a quando il riso è tenero e tutti i chicchi sono soffici e cotti.

e) Unire il prezzemolo, il succo di limone o l'aceto, il burro e il Grana Padano, togliere dal fuoco e coprire.

f) Lasciate riposare per tre minuti, poi mescolate ancora e trasferite su un piatto caldo. Servire subito.

## 2. Risotto alla zucca

Serve 4

**Ingredienti:**

- 1 cipolla piccola, tritata
- olio d'oliva
- zucca o zucca 250 g, sbucciata e tagliata a dadini
- riso carnaroli 200g
- brodo vegetale o di pollo 800 ml, caldo
- salvia qualche foglia, tritata
- parmigiano o grana padano grattugiato per fare 2 cucchiai, per servire

**Indicazioni:**

a) Friggere la cipolla delicatamente in 1 cucchiaio di olio in una padella profonda o soffriggere fino a renderla morbida ma non rosolata. Aggiungere la zucca e il riso e mescolare per qualche secondo per ricoprire i chicchi di olio.

b) Aggiungere un paio di mestoli di brodo e portare a bollore. Cuocere, mescolando, fino a quando quasi tutto il brodo sarà assorbito.

c) Aggiungere il resto del brodo poco alla volta, cuocendo fino a quando ogni aggiunta sarà assorbita prima di aggiungere la successiva, fino a quando la zucca sarà morbida e il riso cremoso ma ancora al dente.

d) Unire la salvia e condire bene. Dividere il risotto nelle ciotole e spolverizzare con il formaggio per servire.

## 3. Risotto di primavera alle verdure

Serve 4

**Ingredienti:**

- 1 o 2 cipollotti carnosi, tritati
- 2 cimette molto piccole broccoli freschi che germogliano, tritati grossolanamente
- una manciata di fagiolini fini
- 50 g (2 once) di burro non salato
- 350 g di riso Carnaroli
- 2 o 3 carotine, tritate
- 1,2 litri (2 pinte) di brodo vegetale o di pollo leggero
- 2 o 3 zucchine giovani e tenere
- sale marino e pepe macinato fresco
- Da 3 a 4 cucchiai di piselli freschi, con i baccelli
- 3 cucchiai colmi di Grana Padano fresco grattugiato

**Indicazioni:**

a) Rosolare le verdure insieme molto dolcemente e con attenzione per circa 8-10 minuti con 2/3 del burro.

b) Aggiungere il riso e mescolare per ricoprire con il burro e le verdure.

c) Salate, quindi iniziate ad aggiungere il brodo caldo, mescolando continuamente per evitare che si attacchi.

d) Il riso impiegherà 20 minuti a cuocere dal momento in cui inizi ad aggiungere il liquido.

e) Togliere dal fuoco.

f) Aggiustare il condimento, mantecare con il burro rimasto e il Grana Padano fresco grattugiato.

g) Coprite e fate riposare per 2 minuti, poi mescolate ancora e trasferite su un piatto caldo per servire subito.

# 4. Risotto Pancetta E Pomodoro

Serve 2

**Ingredienti:**

- Olio per friggere
- cipolla 1, tritata finemente
- aglio 1 spicchio, schiacciato
- pancetta 4 fette di dorso, tritate finemente
- Carnaroli 200g
- brodo di pollo fresco, composto da 1 litro
- pomodorini 12, togliere i piccioli se si preferisce

**Indicazioni:**

a) Scaldare un filo d'olio in una padella larga e soffriggere la cipolla dolcemente per qualche minuto finché non diventa morbida, aggiungere l'aglio e metà della pancetta e far soffriggere tutto insieme.

b) Aggiungere il riso e mescolare bene, quindi aggiungere il brodo un paio di mestoli alla volta, mescolando ogni lotto fino a completo assorbimento e il risotto è cremoso ma conserva ancora un po' (potrebbe non essere necessario utilizzare tutto il brodo ).

c) Nel frattempo, scaldate un'altra padella con un po' d'olio e fate cuocere la pancetta rimasta con i pomodori a fuoco vivo fino a doratura. Versare sopra il risotto per servire.

# RISOTTO ARBORIO

# 5. Risotto piselli e prosciutto

Serve 4

**Ingredienti:**

- Garretto di prosciutto crudo 1kg
- carota, cipolla e gambo di sedano 1 di ciascuno, tritati
- mazzi di fiori 1
- grani di pepe nero 1 cucchiaino

**risotto**

- prezzemolo a foglia piatta un mazzetto, foglie e gambi tritati
- burro 2 cucchiai
- olio d'oliva 2 cucchiai
- cipolla 1 grande, tagliata a dadini
- aglio 2 spicchi, schiacciati
- risotto 300 g
- vino bianco 150 ml
- piselli surgelati 400 g
- parmigiano 50 g, grattugiato

**Indicazioni:**

a) Lavare il garretto e metterlo in una padella capiente con il brodo rimasto e i gambi di prezzemolo del risotto.

b) Coprire con acqua appena bollita e cuocere a fuoco lento, coperto, per 3-4 ore, schiumando le eventuali impurità che salgono in superficie e rabboccando se necessario, fino a quando la carne si staccherà dall'osso. Togliete il garretto dal liquido e fate raffreddare leggermente.

c) Filtrare e assaggiare il brodo (dovrebbe essere 1,5 litri) – dovrebbe essere abbastanza salato con molto sapore. Versare in una padella a fuoco basso.

d) Scaldare 1 cucchiaio di burro e l'olio in una padella profonda a fuoco medio. Friggere la cipolla per 10 minuti fino a renderla morbida. Unire l'aglio, soffriggere per 1 minuto quindi aggiungere il riso e cuocere per 2-3 minuti per tostare il riso.

e) Sfumate con il vino e fate bollire fino a esaurimento, quindi aggiungete il brodo, un mestolo alla volta, mescolando regolarmente per 20-25 minuti o fino a quando il riso sarà tenero e cremoso.

f) Togliere la pelle al garretto di prosciutto, sminuzzare la carne ed eliminare le lische.

g) Mescolare la maggior parte del prosciutto e tutti i piselli nel risotto. Mescolare finché i piselli non saranno teneri.

Togliere dal fuoco, unire il parmigiano e il burro rimasto, coprire e far riposare per 10 minuti.

h) Cospargete con il prosciutto rimasto, un filo d'olio e il prezzemolo.

# 6. Risotto prosciutto e asparagi primavera

Serve 6

**Ingredienti:**

- Garretto di prosciutto affumicato 1, messo a bagno per una notte se necessario
- carota 1
- burro non salato 100 g, a dadini
- cipolle 3 medie, 2 a dadini fini
- aglio 2 spicchi
- un rametto di timo, tritato finemente
- risotto 200 g
- orzo perlato 200 g
- piselli 150 g
- fave 150 g, baccello doppio se piace
- lance di asparagi 6, tagliate ad angolo
- cipollotti 4, affettati ad angolo
- fagiolini 20, tagliati a cubetti
- mascarpone 100 g

- parmigiano 85 g, grattugiato

**Indicazioni:**

a) Mettere il garretto di prosciutto in una pentola piena di acqua fredda e pulita con la carota e la cipolla tagliata a metà.

b) Portare a bollore e cuocere per 2 ore e mezza, schiumando di tanto in tanto la superficie. Rabboccare la padella con acqua se necessario.

c) Sciogliere il burro in una padella capiente e aggiungere la cipolla, l'aglio e il timo. Cuocere fino a quando non si ammorbidisce ma non si colora.

d) Aggiungere il riso e l'orzo perlato e cuocere per un paio di minuti fino a quando non saranno rivestiti di burro. Aggiungere gradualmente il brodo del prosciutto e delle verdure, mescolando.

e) Dopo circa 15-20 minuti mescolando e facendo sobbollire avrete utilizzato quasi tutto il brodo. Assaggia il tuo risotto e se sei soddisfatto della consistenza, togli il risotto dal fuoco ma tienilo chiuso.

f) Bollire una pentola d'acqua e sbollentare per 30 secondi tutte le verdure verdi a parte i cipollotti. Scolare e versare nel risotto.

g) Rimettete il risotto su fuoco moderato e mantecate con le verdure, i cipollotti e il prosciutto e fate scaldare il tutto e condite. Unire il mascarpone e il parmigiano grattugiato e servire.

# 7. Risotto Pancetta Con Radicchio

Serve 2

**Ingredienti:**

- burro 25 g
- olio d'oliva 2 cucchiai
- scalogno 4, tagliato a dadini fini
- pancetta affumicata 75 g, a dadini
- radicchio 1, circa 225g
- risotto 225g
- brodo di pollo 500-600 ml
- pancetta 4-6 fette, a fettine sottili
- crème fraîche intera 2 cucchiai
- parmigiano 25-50 g, grattugiato finemente

**Indicazioni:**

a) Sciogliere il burro e l'olio d'oliva in una piccola casseruola. Aggiungere lo scalogno e soffriggere dolcemente fino a renderlo morbido. Aggiungere la pancetta tagliata a dadini e continuare la cottura, mescolando, fino a quando sarà quasi croccante. Nel frattempo, tagliate la metà superiore del radicchio e sminuzzatelo. Tagliate la metà inferiore a spicchi sottili, tagliando la radice ma lasciandone una quantità sufficiente per tenere insieme gli spicchi.

b) Versare il riso in padella, mantecare energicamente per un minuto o due, quindi aggiungere il radicchio tagliato a striscioline e un mestolo di brodo. Cuocere a fuoco lento, mescolando di tanto in tanto, aggiungendo altro brodo man mano che viene assorbito.

c) Nel frattempo scaldate una piastra in ghisa e fate cuocere gli spicchi di radicchio su entrambi i lati in modo che siano leggermente carbonizzati. Rimuovere e mettere da parte.

d) Scaldare una padella antiaderente e far rosolare le fette di pancetta fino a quando il grasso non diventa dorato. Togliere dalla padella e mettere da parte: diventeranno croccanti.

e) Quando il riso è quasi cotto ma ha ancora una buona consistenza (circa 20 minuti), controllate il condimento, spegnete il fuoco, aggiungete la crème fraîche e il burro extra, mescolate bene, coprite la casseruola e lasciate riposare per 5 minuti. Poco prima di servire, mantecare con gli spicchi di radicchio grigliati.

f) Ricoprite ogni piatto con la pancetta croccante e il parmigiano.

## 8. Risotto Salsiccia Con Radicchio

Serve 4

**Ingredienti:**

- salsiccia piccante 175g (preferibilmente italiana, reperibile in salumeria)
- olio d'oliva 6 cucchiai
- cipolla 1 piccola, tritata finemente
- 2 spicchi d'aglio, tritati finemente
- riso arborio 200 g
- Vino rosso italiano 500ml
- brodo di pollo 500 ml
- radicchio 1 testa piccola (circa 175 g), mondata e affettata
- burro 25 g
- parmigiano 30 g, più altro per servire

**Indicazioni:**

a) Pelate la salsiccia poi tagliatela a tocchetti, delle dimensioni di una noce, e formate delle palline. Scaldare l'olio d'oliva in una padella larga e pesante, aggiungere la salsiccia e farla rosolare bene.

b) Aggiungere la cipolla e cuocere fino a quando non si ammorbidisce. Aggiungere l'aglio, cuocere per 1 minuto, aggiungere il riso e mescolare per ricoprirlo con i succhi. Aggiungere il vino poco per volta, mescolando continuamente e aggiungendo altro solo quando l'ultimo lotto sarà stato assorbito.

c) Unite ora il brodo, un mestolo alla volta, sempre mescolando. Ci vorranno circa 25 minuti per mantecare il tutto. Dopo circa 15 minuti, aggiungere il radicchio e mantecare.

d) Assaggiare prima di condire, mantecare con il burro e il parmigiano, quindi servire con un po' di parmigiano in più a parte.

# 9. Risotto alle castagne alle erbe

Resa: 6 porzioni

ingredienti

- 500 grammi Castagne
- 400 grammi di riso
- 150 grammi Salsicce
- 1 Cipollotto
- 2 cucchiai di Crema Singola
- 20 grammi di burro
- 70 grammi di Parmigiano Reggiano; Grattugiato
- Foglia d'alloro
- Chiodi di garofano
- Stock o Stock Cube
- Sale

**Indicazioni:**

a) Mondate le castagne e lessatele in acqua leggermente salata contenente una foglia di alloro e qualche chiodo di garofano.

b) Quando saranno ben cotti, toglieteli dal fuoco e privateli della pellicina interna.

c) Mettere da parte 15 delle più belle castagne intere e passare le altre al setaccio. Rosolare in poco burro il cipollotto affettato molto finemente, aggiungere la purea di castagne, la panna e il riso. Cuocete il risotto, utilizzando il brodo caldo.

d) Prendete una piccola padella e fate rosolare la salsiccia sbriciolata nel burro rimasto per qualche minuto. Aggiungere le castagne intere che sono state messe da parte, abbassare la fiamma al minimo e far sobbollire brevemente.

e) Quando il riso è pronto, conditelo con il parmigiano, disponetelo a ciambella su un piatto da portata rotondo, e mettete al centro la salsiccia e le castagne intere con il loro sugo.

## 10. Ciao risotto di mein

Resa: 12 porzioni

## Ingredienti:

- 3 bicchieri di vino bianco
- 7 once di prosciutto; prosciutto
- 4 cucchiai di burro; salato
- 1 pizzico di zafferano
- 1 cucchiaino di sale
- 7 once di formaggio Romano
- ½ tazza di cipolla gialla
- 1 cucchiaino di aglio; tritato
- 2 libbre di riso; risotto
- 3 once di funghi porcini; essiccato
- 8 tazze di brodo di pollo
- 1 rametto di prezzemolo italiano; tritato

## Indicazioni:

a) Ridurre il vino con lo zafferano per ottenere sapore e colore dallo zafferano. Accantonare.

b) Mettere a bagno i funghi porcini secchi in $\frac{1}{2}$ litro di acqua tiepida. Drenare. Conservare il liquido e tagliare a dadini i funghi.

c) Soffriggere cipolle e funghi, aggiungere il risotto, il brodo di pollo e sfumare con il vino.

d) Portare a bollore e cuocere in forno a 350 gradi per 10 minuti. Stendere su una teglia a raffreddare.

e) Prendere una porzione e aggiungere un tocco di brodo per scaldare e servire. Guarnire con prezzemolo italiano tritato.

# 11. Risotto alla salsiccia italiana

Resa: 4 porzioni

## Ingrediente

- $\frac{3}{4}$ libbre di salsiccia italiana; tagliare a pezzi da 1 pollice
- $14\frac{1}{2}$ once di brodo di manzo
- 2 once Pimiento; scolato, tagliato a dadini
- 1 tazza di riso crudo
- $\frac{1}{4}$ cucchiaino di aglio in polvere
- $\frac{1}{8}$ cucchiaino di pepe
- 9 once Broccoli tagliati surgelati; scongelato
- 2 cucchiai di parmigiano; grattugiato

## Indicazioni:

a) Cuocere la salsiccia in una padella ampia a fuoco medio-alto per 3-5 minuti o fino a quando non sarà ben dorata, mescolando di tanto in tanto; drenare.

b) Aggiungere il brodo di manzo, il pimiento, il riso, l'aglio in polvere e il pepe. Portare ad ebollizione. Ridurre il calore al minimo; coprire e cuocere a fuoco lento 10 minuti.

c) Unire i broccoli; coperchio. Cuocere a fuoco lento per altri 10 minuti o fino a quando il liquido non viene assorbito e i broccoli sono teneri, mescolando di tanto in tanto.

d) Spolverizzate con il parmigiano. 4 (1-$\frac{1}{4}$ tazza) porzioni.

## 12. Risotto-Oregon Nocciola-salsiccia

Resa: 6 porzioni

**Ingrediente**

- 5 salsicce tedesche o italiane (1 1/2 libbre)
- 1½ tazza di cipolla rossa, tritata grossolanamente
- 2 cucchiai di burro
- 1 peperone verde tritato grossolanamente
- 1 Peperone rosso tritato grossolanamente
- 2 banane; affettato
- ¾ tazza di nocciole dell'Oregon tagliate a metà
- ½ tazza di ribes o uvetta
- 4 tazze di riso cotto
- Sale e pepe a piacere
- 3 uova sode; setacciato
- Prezzemolo tritato finemente
- Basilico tritato finemente
- Erba cipollina tritata finemente

**Indicazioni:**

a) Rosolare le salsicce in una padella capiente o in una padella elettrica. Scolare la salsiccia e tagliarla a tocchetti. Sciogliere il burro in padella e aggiungere le cipolle tritate.

b) Coprire e cuocere fino a quando le cipolle sono appena tenere. Aggiungere i peperoni e soffriggere, finché sono appena teneri. Aggiungere il riso, la salsiccia e sale e pepe rigirando con una forchetta fino a quando non sarà ben caldo.

c) Aggiungere l'uvetta, le banane e le nocciole dell'Oregon e mescolare con cura. Condire a piacere. Servire su un piatto riscaldato.

d) Completare con il composto di uova e erbe aromatiche setacciate.

## 13. Piedini di vitello con risotto allo zafferano

Resa: 4 porzioni

## Ingrediente

- 1 Cipolla, tagliata a cubetti
- 2 spicchi d'aglio, tritati
- 3 once di carote, tagliate a cubetti
- 3 once di sedano, tagliato a cubetti
- 2 once di porro, tagliato a cubetti
- 4 fette Piedi di vitello
- Sale
- Pepe
- Farina
- 2 once di burro
- 1 cucchiaio di passata di pomodoro
- 1 tazza di vino, rosso
- 1 tazza di vino, bianco
- 2 pomodori, tritati
- $1\frac{1}{4}$ tazza di brodo di carne, se necessario

- ½ limone, buccia grattugiata
- ½ cucchiaino di semi di cumino, tritati
- 2 cucchiai Prezzemolo, tritato
- 2 spicchi d'aglio, pressati

**Indicazioni:**

a) Condire i piedi di vitello, infarinarli e infarinarli bene da entrambi i lati.

b) Scaldare il burro e friggere le zampe di vitello marroni su entrambi i lati.

c) Aggiungere la cipolla e uno spicchio d'aglio e far rosolare un minuto.

d) Aggiungere il concentrato di pomodoro e i vini e far restringere un po'.

e) Aggiungere i pomodori, riempire con il brodo, coprire e far cuocere a fuoco lento per 1 ora e mezza.

f) Aggiungere la buccia di limone grattugiata, i semi di cumino, il prezzemolo e il resto dell'aglio dopo 1 ora di cottura.

g) Servire con lo zafferano

## 14. Risotto di manzo e uvetta alla griglia

Resa: 4 porzioni

**Ingredienti:**

- 1 sterlina in alto
- 2 cucchiai di olio d'oliva
- 1 cucchiaio di essenza di smeraldo
- 1 cucchiaio di olio d'oliva
- 1 tazza di cipolle gialle tagliate a julienne
- 2 cucchiai di scalogno tritato
- 1 cucchiaio di aglio tritato
- 2½ tazza di riso arborio
- 2 tazze di riduzione di vitello
- ¼ bicchiere di vino rosso
- ⅓ tazza di marsala secco
- 8 tazze di brodo di carne
- ½ tazza di peperoni verdi arrostiti a julienne
- ½ tazza di peperoni rossi arrostiti alla julienne
- ½ tazza di peperoni gialli arrostiti a julienne

- ½ tazza di formaggio romano
- ½ tazza di uvetta dorata
- 1 sale
- 1 pepe nero macinato fresco
- 1 cucchiaio di peperoni rossi tagliati a dadini fini
- 1 cucchiaio di peperoni gialli tagliati a dadini fini
- 2 cucchiai di cipolle verdi tritate
- Blocco di formaggio romano da 3 once
- 3 cipolle verdi intere grigliate

**Indicazioni:**

a) Preriscaldare la griglia. Condire la parte superiore con l'olio d'oliva e l'essenza di smeraldo. Mettere sulla griglia. Grigliare per 3-4 minuti su ciascun lato per una cottura media. Per il risotto: in una padella fate scaldare l'olio d'oliva.

b) Quando la padella sarà ben calda, aggiungete le cipolle, lo scalogno e l'aglio. Soffriggere le verdure per 1 minuto. Aiutandosi con un cucchiaio di legno, unire il riso, far rosolare per 1 minuto. Sempre mescolando, aggiungere la riduzione di vitello, il vino, il Marsala e il brodo di carne, una tazza alla volta.

c) Cuocere il risotto per 10-12 minuti, mescolando continuamente. Unite i peperoni, il formaggio e l'uvetta. Condire con sale e pepe. Rimuovere il tondo dalla griglia e affettare in sbieco in porzioni da 2 once.

d) Per assemblare, adagiate il risotto al centro del piatto. Arrotolare la carne attorno al risotto.

e) Guarnire con i peperoni, la cipolla verde grigliata e, con un pelapatate, tagliare a fettine sottili di formaggio sopra il risotto.

## 15. Risotto alla bolognese al forno

Serve 6

**Ingredienti:**

- carne macinata 300 g
- funghi di castagno 200 g, tagliati in quattro
- funghi porcini secchi 15g
- brodo di manzo 750 ml, caldo
- olio d'oliva 2 cucchiai
- cipolla 1, tritata finemente
- aglio 1 spicchio, tritato finemente
- riso arborio 200 g
- passata 200ml
- passata di pomodoro 1 cucchiaio
- Salsa Worcestershire qualche goccia
- sale di sedano 1 cucchiaino
- origano secco 1 cucchiaino
- mozzarella 2 palline, tagliate a dadini
- parmigiano 30 g, grattugiato finemente

**Indicazioni:**

a) Riscaldare il forno a 200°C/180°C/gas 6. Disporre i funghi tritati e di castagne su una teglia antiaderente.

b) Cuocete per 20-25 minuti, mescolando di tanto in tanto fino a quando il trito non sarà dorato e i funghi avranno preso un po' di colore e il liquido in eccesso sarà evaporato.

c) Nel frattempo mettete i funghi secchi in una ciotola e versatevi sopra 150 ml di brodo caldo.

d) Scaldare l'olio d'oliva in una casseruola bassa o in una padella profonda da forno e cuocere la cipolla fino a quando non si ammorbidisce. Aggiungere l'aglio, cuocere per un minuto, quindi aggiungere il riso e mantecare con l'olio e le cipolle fino a ricoprirlo completamente.

e) Filtrate il liquore ai funghi (lasciando la grana). Tritare i funghi ammollati e mescolarli, quindi aggiungere gradualmente il liquore ai funghi, mescolando man mano. Aggiungere il resto del brodo di carne un mestolo alla volta, aggiungendone ancora una volta che il mestolo precedente sarà stato assorbito, fino a quando il riso sarà quasi cotto.

f) Unire la passata, quindi aggiungere la carne macinata arrosto, i funghi, la passata di pomodoro e la salsa Worcestershire, il sale di sedano e l'origano.

g) Portare a bollore, aggiungendo un po' d'acqua in più se sembra asciutto. Unire $\frac{3}{4}$ della mozzarella. Spolverizzate il resto con il parmigiano. Mettere in forno per 25 minuti, senza coperchio, fino a doratura e bollicine.

## 16. Risotto con agnello in casseruola

Resa: 8 porzioni

**Ingredienti:**

- 2½ libbre Cosciotto d'agnello, tagliato a cubetti
- Olio d'oliva
- ¼ cucchiaino ciascuno, essiccato: rosmarino,
- Timo e pepe bianco
- Sale a piacere
- 4½ tazza di brodo vegetale
- ½ cucchiaino di fili di zafferano
- 1½ tazza di riso Arborio
- 1½ tazza di vino bianco secco
- 10 asparagi baby, al vapore
- ½ tazza di parmigiano grattugiato fresco
- 1½ tazza di pomodori, tritati

**Brodo vegetale**

- ¾ tazza ciascuno, tritato: cipolla, sedano,
- Carote e funghi

- 4½ tazza di acqua

**Indicazioni:**

a) Preriscaldare il forno a 250 gradi. Rosolare leggermente e velocemente l'agnello a cubetti in ⅓ tazza di olio d'oliva in una padella a fuoco alto. Non lasciare cuocere la carne all'interno. Rimuovere immediatamente l'agnello con un mestolo forato e metterlo in una casseruola da 3 qt che è stata ricoperta di spray vegetale.

b) Aggiungere il timo, il rosmarino e il pepe nella casseruola e condire con la carne; aggiustare di sale.

c) Coprite la casseruola con il coperchio o un foglio di alluminio e infornate per 30 minuti. L'agnello dovrebbe essere molto tenero.

d) Quando la casseruola è in forno, scaldare il brodo con i fili di zafferano (per ammorbidire) a fuoco medio; mettere da parte.

e) Scaldare 2 cucchiai di olio d'oliva in una casseruola a fuoco medio, aggiungere il riso e far rosolare per 2-3 minuti. Aggiungere 3 tazze di brodo caldo al riso e mescolare bene. Cuocere il riso, mescolando di tanto in tanto, fino a quando non inizia ad avere una consistenza cremosa.

f) Per fare questo, aggiungere il vino e il brodo rimanente, poco alla volta, mescolando fino a quando il liquido non sarà quasi assorbito prima di aggiungerne altro. Il processo dura dai 20 ai 25 minuti. Non cuocere troppo, il riso deve rimanere leggermente sodo.

g) Incorporate delicatamente gli asparagi e il parmigiano. Versare il riso in uno strato sopra l'agnello e guarnire con i pomodorini tagliati a pezzetti.

h) BRODO DI VERDURE: Lessate le verdure tritate in acqua per 1 ora. Filtrare il brodo e utilizzare come indicato.

## 17. Risotto all'ossobuco

Resa: 1 porzione

## Ingrediente

- 2 Stinco di vitello
- 1 tazza di riso Arborio
- 2 tazze di Merlot
- 1 cucchiaino di scorza di limone
- 1 tazza di brodo di pollo o vitello
- ½ tazza di cipolla tritata
- 1 spicchio d'aglio tritato
- ½ tazza di olio extravergine di oliva
- 1 tazza di piselli freschi
- 1 Carota media tritata
- ½ cucchiaino di noce moscata

## Indicazioni:

a) Soffriggere lo stinco di vitello con cipolla, aglio, carota, olio d'oliva. Quando è bella e dorata, infornare a 500 gradi per 20 minuti.

b) Sfornare, mettere sul fuoco a fuoco medio e aggiungere il riso. Soffriggere per 25 minuti aggiungendo vino e brodo, sempre mescolando. Aggiungere la scorza di limone, i piselli, sale e pepe a piacere.

c) Aggiungere la noce moscata e mettere in forno per 15 minuti.

## 18. Risotto filetto di manzo e porri

Resa: 2 porzioni

**Ingredienti:**

- 2 filetto di manzo da 8 once
- 50 grammi di riso Arborio
- 100 grammi Prezzemolo fresco
- ½ porro piccolo
- 2 once di sanguinaccio
- 40 grammi Wedmore affumicato
- 20 grammi Prezzemolo
- 1 Filetto di acciughe in scatola
- 1 cucchiaio di pinoli; tostato
- 2 spicchi d'aglio; tritato
- ½ cipolla rossa; tritato
- ½ bottiglia di vino rosso
- 500 millilitri Brodo di manzo fresco
- ½ carota; tritato piccolo
- ½ peperone rosso; tritato piccolo

- 15 grammi Prezzemolo a foglia piatta
- Aceto balsamico
- Burro
- olio vergine d'oliva
- Sale grosso e pepe nero macinato fresco

**Indicazioni:**

a) Per prima cosa fare il risotto facendo soffriggere metà della cipolla e dell'aglio in una padella con un po' di burro e cuocere per circa 30 secondi senza colorarle.

b) Quindi aggiungere il riso e cuocere per altri 30 secondi, quindi aggiungere 250 ml di brodo e portare a bollore. Tagliare il porro a dadini piccoli e aggiungerlo nella padella e cuocere a fuoco lento per circa 13 minuti per cuocere il riso.

c) Per fare il pesto che deve essere abbastanza denso, mettere in un frullatore il prezzemolo, lo spicchio d'aglio, l'acciuga, i pinoli e un po' d'olio d'oliva e frullare fino a ottenere un pesto e lasciare da parte.

d) Scaldate quindi una padella antiaderente e condite il filetto e sigillatelo nella padella condendo bene con un filo d'olio. Sfumare la padella con il vino rosso e il brodo, portare a bollore e cuocere a fuoco lento per 5 minuti, quindi togliere la bistecca. Alzare la fiamma e ridurre fino a quando non si addensa leggermente, finire la salsa con una noce di burro e il condimento.

e) Per servire, aggiungere al risotto il sanguinaccio sbucciato e tagliato a dadini e la scamorza affumicata, il prezzemolo tritato e condire bene. Metti questo al centro di ogni piatto con la bistecca in cima.

f) Guarnire con un cucchiaio di pesto di prezzemolo e servire con la salsa intorno al bordo e cospargere con le verdure a cubetti.

## 19. Risotto di pollo con cavolo nero

Serve 6

**Ingredienti:**

- burro 2 cucchiai
- olio di colza 1 cucchiaio
- cosce di pollo 6
- farina 2 cucchiai
- macis macinato ½ cucchiaino
- cipolle 2, tagliate a dadini
- aglio 2 spicchi, schiacciati
- orzo perlato 300 g
- brodo di pollo 1,2 l
- fave a baccello 350g (a piacere a doppio baccello)
- cavolo nero 30 g, tritato grossolanamente
- limoni 1, sbucciati e spremuti
- crème fraîche 75 g + 6 cucchiai
- paprika dolce affumicata qualche pizzico

**Indicazioni:**

a) Scaldare metà del burro e l'olio in una casseruola o in una padella profonda. Passare le cosce di pollo nella farina e nel macis macinato per ricoprirle, quindi friggerle a fuoco medio fino a quando non saranno dorate e croccanti su entrambi i lati.

b) Sollevare su un piatto e versare le cipolle, l'aglio e gli ultimi cucchiai di burro nella padella e friggere fino a renderli morbidi.

c) Quando la cipolla sarà ben morbida, rimettere le cosce di pollo con l'eventuale sugo, l'orzo e il brodo. Cuocere a fuoco lento per circa 40 minuti, mescolando di tanto in tanto, fino a quando l'orzo è quasi tenero e la maggior parte del brodo assorbito. Se durante la cottura dovesse asciugarsi, aggiungete ancora un goccio di brodo.

d) Unire all'orzo le fave, il cavolo, il succo e la scorza di limone e il condimento, abbassare la fiamma e coprire con un coperchio o una teglia. Nel frattempo, spellate le cosce di pollo e sminuzzate la carne dalle ossa aiutandovi con un paio di forchette. Rimescolare il pollo nell'orzo con 75 g di crème fraîche e controllare che i fagioli e l'orzo siano entrambi teneri.

e) Versare l'orzo in 6 ciotole da portata poco profonde. Ricoprire ciascuno con un altro cucchiaio di crème fraîche maculata con un pizzico di paprika e cosparsa con la scorza di limone.

## 20. Risotto alla zucca con anatra

Resa: 4 porzioni

**ingredienti**

- 1 zucca di ghianda grande
- 2 cucchiai di olio d'oliva
- 2 cucchiai di scalogno tritato
- 2 tazze di riso arborio
- 3 tazze di brodo d'anatra
- 1 tazza di carne d'anatra cotta; tagliare 1 pezzo
- 1 cucchiaio di salvia fresca tritata
- 1 cucchiaio di burro
- 2 cucchiai di panna
- ¼ tazza di parmigiano fresco grattugiato
- 1 sale; assaggiare
- 1 pepe nero macinato fresco; assaggiare

**Indicazioni:**

a) Preriscaldare il forno a 400 gradi. Dividi la zucca a metà al centro, elimina i semi.

b) Ungete una teglia con 1 cucchiaino di olio d'oliva e mettete la zucca, con il lato tagliato verso il basso sulla teglia.

c) Cuocere per 20 minuti, o fino a quando sono teneri. Lasciare raffreddare, quindi sbucciare e tagliare la carne a cubetti da 1 pollice.

d) In una casseruola scaldare l'olio rimasto, aggiungere lo scalogno e cuocere per 3 minuti.

e) Unire il riso e farlo rosolare, mescolando per 1 minuto. Unire il brodo, 1 cucchiaino di sale e un pizzico di pepe e portare a bollore.

f) Ridurre il fuoco a medio e cuocere a fuoco lento fino a quando il riso è tenero per circa 18 minuti.

g) Unite la zucca, l'anatra, la salvia, la panna, il formaggio e il burro e fate sobbollire per 2 o 3 minuti.

## 21. Risotto di pollo al parmigiano

Serve 4

**Ingredienti:**

- olio d'oliva 1 cucchiaio
- cubetti di pancetta o pancetta affumicata 100g
- burro 2 cucchiai
- cipolla 1 grande, tagliata a dadini
- cosce di pollo senza pelle e disossate 4-6, tagliate in quattro
- brodo di pollo 1,5 litri
- aglio 2 spicchi, schiacciati
- risotto 300 g
- vino bianco secco 150ml
- parmigiano 50 g, grattugiato finemente
- prezzemolo a foglia piatta ½ mazzetto, tritato finemente

**Indicazioni:**

a) Scaldare l'olio in una padella ampia e profonda a fuoco medio-alto e friggere la pancetta per 5-6 minuti fino a quando non sarà dorata e croccante.

b) Scolare su un piatto. Ridurre il fuoco a medio e aggiungere 1 cucchiaio di burro nella padella, mescolare con il grasso e l'olio della pancetta e saltare la cipolla. Friggere per 10-15 minuti fino a quando non saranno molto morbide e traslucide.

c) Unire i pezzi di pollo e friggere per altri 6-8 minuti fino a quando non saranno scottati dappertutto e leggermente dorati. Aggiungere l'aglio e soffriggere per un altro minuto.

d) Mentre il pollo e la cipolla cuociono, versare il brodo in una casseruola capiente e portare a ebollizione a fuoco lento, quindi abbassare la fiamma e tenere in caldo sul retro del piano cottura. Cospargere il riso sul pollo e mescolare per ricoprire il riso con olio e burro. Cuocere per 2-3 minuti, quindi sfumare con il vino.

e) Mescolare fino a completo assorbimento, quindi aggiungere il brodo caldo, un mestolo alla volta, mescolando continuamente. Attendere che ogni mestolo di brodo sia stato assorbito prima di aggiungere il successivo.

f) Continuare ad aggiungere il brodo fino a quando il riso non sarà tenero con un morso, circa 20 minuti.

g) Togliere il risotto dal fuoco e unire il parmigiano, la pancetta cotta, il prezzemolo e il restante 1 cucchiaio di burro.

h) Coprite e fate riposare per 5 minuti prima di servire.

## 22. Risotto all'orzo con pollo

Resa: 6 porzioni

**ingredienti**

- 1 cucchiaio di olio d'oliva
- ¾ tazza di carote; tagliato a dadini
- 2 cucchiai Basilico fresco; tritato
- ¾ tazza di sedano; tritato
- ¾ tazza di cipolla verde; tritato
- ½ cucchiaino di sale
- ¼ cucchiaino di pepe
- 1 libbra Petti di pollo disossati senza pelle
- ½ libbra di cosce di pollo disossate senza pelle
- 1¾ tazza di orzo perlato; circa 12 once
- 5 tazze di brodo di pollo
- ⅓ tazza di prezzemolo; tritato
- ¼ tazza di parmigiano fresco; grattugiato

**Indicazioni:**

a) Tagliare la carne di pollo a strisce da $\frac{1}{4}$ di pollice.

b) Scaldare l'olio in un forno olandese a fuoco medio-alto. Aggiungere la carota e il basilico; soffriggere 1 minuto. Aggiungere il sedano, la cipolla verde e la cipolla; soffriggere 1 minuto. Aggiungere sale, pepe e pollo; soffriggere 5 minuti. Aggiungere l'orzo; soffriggere 1 minuto.

c) Aggiungere il brodo; portare ad ebollizione. Coprite, abbassate la fiamma e fate sobbollire per 40 minuti.

d) Togliere dal fuoco. Unire prezzemolo e formaggio.

## 23. Risotto di riso sporco

Rendimento: 1

## ingredienti

- Collo e ali d'anatra o di pollo
- ventrigli e cuore; taglio
- Olio d'oliva
- ½ cipolla; taglio
- 1 costa di sedano; fetta
- 1 peperone rosso; taglio
- 1 cucchiaio di aglio; tritare
- 1 tazza di riso per popcorn
- 2 tazze Stock; o quanto necessario
- Sale e pepe
- 1 mazzetto Cipolle verdi; taglio

## Indicazioni:

a) Rosolare il collo e le ali d'anatra in una padella nell'olio. Aggiungi ventriglio e cuore. Soffriggere con cipolla, sedano, pepe, aglio e riso; mescolando continuamente.

b) Soffriggere il riso per 20 secondi, aggiungere 1 tazza di brodo e mescolare continuamente fino a completo assorbimento.

c) Aggiungere 1 altra tazza di brodo e mescolare fino a completo assorbimento. Continuare ad aggiungere brodo, se necessario, fino a quando il riso non sarà cotto. Condire con sale e pepe.

d) Finire con le cipolle verdi.

## 24. Risotto ai fegatini d'anatra

Resa: 1 porzione

**Ingredienti:**

- 30 grammi di pinoli
- Fegati di 2 anatre
- Latte; per ammollo
- Sale e pepe nero macinato
- 1 cipolla
- 2 spicchi d'aglio grassi
- 5 cucchiai di olio extravergine di oliva
- 225 grammi di riso Arborio o risotto
- Un buon pizzico di stami di zafferano
- 1 peperone giallo
- $1\frac{1}{8}$ litro di brodo d'anatra
- 4 gambi di origano o maggiorana dorata
- 24 Olive verdi; (da 24 a 30)
- 15 grammi Burro non salato
- 2 cucchiai Madera

- 2 cucchiai di erba cipollina fresca; tritato

**Indicazioni:**

a) Tostare i pinoli sotto una griglia ben calda o in una padella asciutta fino a doratura.

b) Mondate i fegatini, eliminando i pezzetti di verde. ammollare in poco latte per 15 minuti per eliminare ogni traccia di amarezza. Sciacquare in acqua fredda e asciugare. Tagliare a metà e condire leggermente.

c) Mondate e tritate finemente la cipolla. Sbucciare e schiacciare l'aglio. Scaldare l'olio d'oliva in una padella larga o in una padella per risotti, aggiungere la cipolla e l'aglio e cuocere fino a quando non saranno morbidi.

d) Aggiungere il riso e lo zafferano. Mescolare bene fino a quando il riso non è completamente ricoperto e ha assorbito l'olio. Condire leggermente.

e) Tagliare il peperone a metà, togliere il torsolo, i semi e la membrana. Tagliate finemente la carne. Aggiungi alla padella.

f) Aggiungere gradualmente metà brodo. Portare a ebollizione. Ridurre il fuoco a fuoco lento e cuocere a fuoco lento fino a quando il riso è quasi cotto. Continua ad aggiungere ancora un po' di brodo, agitando spesso la padella.

g) Staccare le foglie di origano o maggiorana e tritarle. Dopo aver cotto il riso per 10 minuti, aggiungerlo nella padella con le olive e i pomodori secchi. Aggiungere i pinoli tostati dopo altri 2 o 3 minuti.

h) Sciogliere il burro in una padella calda. Friggere i fegatini vivacemente su tutti i lati rigirandoli spesso. Assicurati che siano cotti ma ancora abbastanza rosa al centro. Aggiungere Madeira nella padella e raschiare eventuali residui di carne.

i) Condire il risotto a piacere e aggiungere l'erba cipollina tritata.

j) Servire il risotto con sopra i fegatini. Versateci sopra i succhi di fegato e fateli amalgamare al riso.

## 25. Risotto alle verdure

Serve 2

Ingredienti:

- brodo vegetale 900ml
- asparagi 125 g, lance tagliate in 2-3 pezzi
- burro 25 g
- olio d'oliva 1 cucchiaio
- cipolla 1, tritata finemente
- risotto 150 g
- piselli (freschi o surgelati) 75g
- spinaci novelli 50 g, tritati
- pecorino 40 g, grattugiato finemente, più extra per servire
- erba cipollina tritata per fare 1 cucchiaio
- menta tritata per fare 1 cucchiaio
- limone 1, sbucciato

Indicazioni:

a) Scaldare il brodo in una padella fino a bollore. Sbollentate gli asparagi nel brodo per 30 secondi, poi scolateli con una schiumarola e scolateli.

b) Sciogliere una noce di burro con l'olio d'oliva in una padella ampia e profonda, quindi cuocere la cipolla per 8-10 minuti o finché non si ammorbidisce. Aggiungere il riso e continuare a cuocere e mescolare per qualche minuto fino a quando il riso non sarà lucido.

c) Aggiungere il brodo un mestolo alla volta, mescolando, fino a quando il riso è appena tenero (dovrebbe avere un morso ma non essere affatto gessoso). Aggiungere tutte le verdure, compresi gli asparagi sbollentati, e cuocere per 1 minuto.

d) Unire il restante burro, il pecorino, le erbe aromatiche e la scorza di limone, condire e coprire. Lasciare riposare per 3 minuti fuori dal fuoco, quindi servire in ciotole calde con formaggio extra, se piace.

# 26. Risotto cheddar e cipollotti

Serve 2

**Ingredienti:**

- burro 25 g
- cipollotti 6, tritati
- risotto 150 g
- vino bianco una spruzzata (facoltativo)
- brodo vegetale o di pollo 750 ml
- Senape di Digione ½ cucchiaino
- cheddar maturo 100 g, grattugiato
- POMODORI BALSAMICI
- olio d'oliva 1 cucchiaio
- pomodorini 100 g
- aceto balsamico un filo
- basilico un mazzetto, tritato

**Indicazioni:**

a) Sciogliere il burro in una padella larga e poco profonda. Cuocere i cipollotti per 4-5 minuti o finché non saranno morbidi. Aggiungere il riso e cuocere, mescolando, per un paio di minuti. Aggiungere il vino, se utilizzato, e far bollire fino a completo assorbimento.

b) Incorporate poco alla volta il brodo, sempre aspettando che sia assorbito prima di aggiungerne altro. Ripetere l'operazione fino a quando il riso non sarà cremoso, melmoso e tenero (potrebbe non essere necessario utilizzare tutto il brodo, oppure potrebbe essere necessario aggiungerne un altro goccio se il composto è troppo denso).

c) Nel frattempo, scaldare l'olio d'oliva in una padella a parte a fuoco medio-alto e cuocere i pomodori con molto condimento finché non iniziano a scoppiare.

d) Unire la senape e il formaggio al risotto e condire con pepe e un po' di sale se necessario. Versare in ciotole calde e guarnire con i pomodori, un filo di balsamico e un po' di basilico.

## 27. Risotto alla barbabietola

Serve 4

**Ingredienti:**

- burro 50 g
- cipolla 1, tritata finemente
- risotto 250 g
- vino bianco 150 ml
- brodo vegetale 1 litro, caldo
- barbabietola già cotta confezione da 300 g
- limone 1, sbucciato e spremuto
- prezzemolo a foglia piatta un mazzetto, tritato grossolanamente
- formaggio di capra a pasta molle 125g
- noci una manciata, tostate e tritate

**Indicazioni:**

a) Sciogliere il burro in una padella profonda e cuocere la cipolla con un po' di condimento per 10 minuti fino a quando non diventa morbida. Versare il riso e mescolare fino a ricoprire ogni chicco, quindi sfumare con il vino e far bollire per 5 minuti.

b) Aggiungere il brodo un mestolo alla volta, sempre mescolando, aggiungendo altro solo una volta che sarà stato assorbito il lotto precedente.

c) Nel frattempo, prendi 1/2 barbabietola e sbatti in un piccolo frullatore fino a ottenere una crema liscia e trita il resto.

d) Una volta che il riso è cotto, mescolate le barbabietole sbattute e tritate, la scorza e il succo di limone e la maggior parte del prezzemolo. Distribuire nei piatti e guarnire con una sbriciolata di formaggio di capra, le noci e il prezzemolo rimasto.

# 28. Risotto alle zucchine

Serve 2-3

**Ingredienti:**

- brodo vegetale o di pollo 900 ml
- burro 30 g
- zucchine novelle 200 g (circa 5-6), tagliate a fette spesse in diagonale
- olio d'oliva 2 cucchiai
- scalogno 1 lungo o 2 tondi, tritato finemente
- aglio 1 spicchio, schiacciato
- risotto 150 g
- vino bianco secco un bicchierino
- menta una manciata di foglie, tritate
- $\frac{1}{2}$ limone, sbucciato e spremuto
- parmigiano 30 g, grattugiato finemente, più extra per servire

**Indicazioni:**

a) Tenere il brodo in una padella a fuoco lento.

b) Sciogliere metà del burro in una padella ampia e profonda. Friggere le zucchine con un po' di condimento su entrambi i lati fino a quando non saranno leggermente dorate. Scolare e scolare su carta da cucina. Pulisci la padella.

c) Scaldare 2 cucchiai di olio d'oliva nella stessa padella, quindi cuocere a fuoco lento lo scalogno e l'aglio per 6-8 minuti o fino a quando non iniziano ad ammorbidirsi. Unite il riso e fatelo scaldare per un minuto.

d) Sfumate con il vino e fate bollire, mescolando fino a farlo evaporare. Aggiungere il brodo un mestolo alla volta, facendo assorbire il liquido prima di aggiungerne altro. Continuare ad aggiungere il brodo fino a quando il riso non sarà tenero con un po' di boccone.

e) Unire le zucchine e lasciarle insaporire per un minuto. Aggiungere la menta e mantecare con il riso con il succo e la scorza di limone, il parmigiano, il burro rimasto e un ultimo mestolo di brodo. Il risotto dovrebbe essere cremoso e trasandato piuttosto che rigido, quindi aggiungere altro brodo di conseguenza.

f) Coprite e lasciate riposare per qualche minuto, poi servite in ciotole calde con formaggio extra, se vi piace.

## 29. Risotto alle verdure al verde

Serve 6

**Ingredienti:**

- olio d'oliva
- cipolla 1/2, tagliata a dadini
- sedano 1 costa, tagliata a dadini
- risotto 400 g
- vino bianco 125ml
- brodo di pollo 1 litro, caldo
- spinaci 100 g
- fave 75 g, sbollentate e a baccello
- piselli surgelati 75 g
- parmigiano 50 g, grattugiato finemente
- crème fraîche 3 cucchiai
- limone 1, sbucciato e una spremuta di succo
- micro crescione da servire

**Indicazioni:**

a) Scaldare 3 cucchiai di olio in una padella e aggiungere la cipolla e il sedano con un po' di sale. Friggere per 5 minuti fino a quando non diventa traslucido. Aggiungere il risotto e mescolare bene, facendo in modo che ogni chicco sia unto d'olio.

b) Sfumate con il vino e fatelo bollire fino a quando non sarà quasi tutto evaporato. Aggiungere il brodo un mestolo alla volta, sempre mescolando, aggiungendo altro brodo solo quando l'ultimo mestolo sarà stato assorbito.

c) In un robot da cucina aggiungere gli spinaci e 2 cucchiai di acqua calda e frullare fino a ottenere una purea. Quando il riso è quasi cotto, mantecare con la purea, le fave ei piselli. Cuocete per altri 5 minuti, mescolando regolarmente.

d) Una volta che il riso e le verdure sono cotti, mantecare con il parmigiano, la crème fraîche, la scorza e il succo di limone, condire e guarnire con micro crescione.

## 30. Risotto All'Aglio Con Quaglia

Serve 4

**Ingredienti:**

- sedano rapa 1/2 piccolo, tagliato a dadini di 1 cm
- olio d'oliva
- aglio 1 bulbo, chiodi di garofano pelati
- rosmarino 1 rametto
- scalogno 1, tagliato a dadini
- porro 1, tagliato a dadini
- foglie di timo 1 cucchiaino
- burro 100 g
- risotto 400 g
- olio vegetale
- brodo di pollo 1,5 litri
- Pecorino 80 g, grattugiato finemente
- prezzemolo a foglia piatta una manciata, tritato
- quaglia 4, pulita e ben armata

**Indicazioni:**

a) Riscaldare il forno a 180°C/160°C/gas 4. Disporre il sedano rapa a dadini su una teglia. Condire e condire con un po' di olio vegetale. Arrostire per 15 minuti, o fino a quando sono teneri e dorati.

b) Nel frattempo, mettere l'aglio, il rosmarino e 100 ml di olio d'oliva in una piccola padella (in modo che l'aglio sia sommerso, aggiungere altro olio se necessario) e scaldare dolcemente per 10 minuti, o finché l'aglio non sarà morbido e leggermente dorato.

c) Rimuovere e raffreddare l'olio. Puoi usare l'olio d'aglio avanzato per cucinare, ma tienilo in frigorifero e consumalo entro una settimana.

d) Friggere lo scalogno, il porro e il timo con 50 g di burro e 50 ml di olio d'oliva. La stagione. Quando le verdure saranno morbide aggiungete il riso e mescolate fino a ricoprire tutti i chicchi.

e) Scaldare leggermente per 1 minuto per rompere il riso (questo consente un più facile assorbimento).

f) Aggiungere 500 ml di brodo al risotto e mescolare fino a completo assorbimento. Ripetere altre 2 volte. Ci vorranno circa 20 minuti. Se necessario, aggiungi altro brodo per ottenere una consistenza cremosa.

g) Togliere dal fuoco quando il riso è tenero, aggiungere il sedano rapa, il resto del burro, il formaggio e il prezzemolo e condire. Coprite con un coperchio e lasciate riposare.

h) Accendete il forno a 200°C/180°C ventilato/gas 6. Scaldate una padella a fuoco medio. Oliare e condire le quaglie, quindi mettere gli uccelli con la pelle rivolta verso il basso sulla piastra per 4 minuti fino a quando non saranno dorati e carbonizzati.

i) Capovolgere e cuocere per altri 2 minuti. Trasferire su una teglia e cuocere per 10-15 minuti fino a quando non saranno ben cotte e i succhi saranno chiari. Riposare per 2 minuti sotto un foglio. Dividete il risotto nei piatti caldi.

j) Tagliare a metà la quaglia lungo il dorso e adagiare il risotto. Usando il dorso di un coltello schiacciate l'aglio confit e spargetelo sopra.

# 31. Risotto ai carciofi

Resa: 1 porzione

Ingrediente

- 2 Carciofi
- 2 cucchiai di burro
- 1 limone
- 2 cucchiai di olio d'oliva
- 1 fungo Portobello
- 2½ tazza di brodo di pollo; o altro
- 1 Cipolla piccola; tritato
- 1 tazza di vino bianco secco
- 2 spicchi d'aglio; tritato
- Sale e pepe; assaggiare
- 1 tazza di riso Arborio
- ½ tazza di parmigiano; grattugiato
- 1 cucchiaio di prezzemolo; tritato

**Indicazioni:**

a) Spremere $\frac{1}{2}$ limone in una ciotolina e aggiungere abbastanza acqua da coprire i carciofi.

b) Tagliate il fungo in quarti.

c) Tagliate i funghi a fettine molto molto sottili.

d) Unire i carciofi tenuti da parte, i funghi affettati e il prezzemolo.

e) Microonde.

## 32. Risotto alla milanese

Serve 4

**Ingredienti:**

- burro 100 g, freddo e tagliato a dadini
- cipolla 1 piccola, tritata finemente
- brodo di pollo 1,25 litri
- riso arborio 200 g
- vino bianco secco 75ml
- zafferano ½ cucchiaini (cercare fili lunghi di buona qualità)
- parmigiano 75 g, grattugiato finemente
- pepe bianco macinato
- erba cipollina una manciata di erba cipollina

**Indicazioni:**

a) Sciogliere 50 g di burro in una padella dal fondo spesso, profondo e con coperchio, quindi cuocere a fuoco lento la cipolla per 10 minuti fino a quando non si ammorbidisce ma non si colora.

b) Portare il brodo a bollore in un'altra padella, quindi abbassare la fiamma e portare a bollore.

c) Aggiungere il riso al burro e cuocere, mescolando, per 3-4 minuti per ricoprire il riso e tostare i chicchi. Sfumate con il vino e poi sfumate fino a completo assorbimento prima di aggiungere lo zafferano.

d) Aggiungere il brodo un mestolo o due alla volta, mescolando il riso dal fondo della padella man mano che si procede. Quando ogni mestolo di brodo sarà stato assorbito, aggiungete il mestolo successivo.

e) Continua per circa 15 minuti. Il risotto è pronto quando i chicchi sono morbidi e hanno perso la gessicità, ma hanno ancora un morso (potrebbe non essere necessario tutto il brodo).

f) Sbattere il restante burro e il parmigiano e condire con pepe bianco. Coprite e lasciate riposare il risotto per 2 minuti, quindi servite in ciotole calde con una spolverata di erba cipollina.

## 33. Risotto Orzo con cavolo nero

Serve 2

**Ingredienti:**

- olio extravergine di oliva 2 cucchiaini
- ½ cipolla, tagliata a dadini
- aglio 2 spicchi, affettati
- fiocchi di peperoncino essiccato ½ cucchiaino
- pasta all'orzo 150 g
- brodo vegetale 450 ml, caldo
- cavolo nero 100 g, privato dei gambi e tagliato a pezzi lunghi
- piselli surgelati 100 g
- formaggio a pasta molle 1 cucchiaio
- parmigiano vegetariano 15 g, grattugiato finemente, più un po' di più per servire (facoltativo)

**Indicazioni:**

a) Scaldare l'olio d'oliva in una padella e aggiungere la cipolla, l'aglio, i fiocchi di peperoncino e un pizzico di sale.

b) Cuocere dolcemente per 5 minuti o fino a quando non saranno morbide. Versare la pasta e mantecare in modo che ogni pezzo sia ricoperto di olio.

c) Aggiungere il brodo vegetale un mestolo alla volta, mescolando e aggiungendo altro una volta assorbito. Dopo 5 minuti aggiungete il cavolo nero.

d) Cuocete per altri 5 minuti e, quando l'orzo e il cavolo nero saranno teneri, aggiungete i piselli e un po' di condimento per gli ultimi 2 minuti.

e) Mantecate con il formaggio a pasta molle e il parmigiano e servite con un po' di parmigiano in più, se vi piace.

## 34. Preparato per risotto al bulgur

Resa: 1 porzione

## ingredienti

- 1 cucchiaio di cipolla tritata essiccata
- 3 Cubetti di brodo di pollo, sbriciolati
- 1 cucchiaino Cerfoglio essiccato
- 1 cucchiaino di timo essiccato
- $\frac{1}{4}$ cucchiaino di pepe nero
- $1\frac{1}{2}$ tazza di bulgur di frumento incrinato RISOTTO:
- $2\frac{1}{2}$ tazza di acqua
- 2 cucchiai di burro
- 1 confezione di risotti

## Indicazioni:

a) Mescolare: unire e conservare in un contenitore ermetico.

b) Risotto Bulgur: Preriscaldare il forno a 350°. Portare ad ebollizione l'acqua e il burro. Aggiungere il composto di risotto e cuocere, mescolando, 5 minuti. Coprite e infornate per 25 minuti. 6 porzioni

## 35. Risotto alle verdure autunnali

Resa: 6 porzioni

## ingredienti

- 2 libbre di zucca
- 3 tazze di brodo di pollo a basso contenuto di grassi
- Sale e pepe
- 3 porri medi; dadi, parte bianca e un pollice verde
- 1½ cucchiaio di olio extravergine di oliva
- 1½ tazza di riso Arborio
- 3 spicchi d'aglio; tritato
- 2 cucchiai Prezzemolo fresco a foglia piatta tritato
- 1 cucchiaino di timo fresco tritato
- ½ cucchiaino di rosmarino fresco tritato
- ½ cucchiaino di salvia fresca tritata
- ⅛ cucchiaino di noce moscata fresca grattugiata
- 1 cucchiaino Scorza d'arancia grattugiata
- ½ Arancia; spremuto
- 3 cucchiai di noci pecan; tostato e tritato

- ½ tazza di Parmigiano-Reggiano grattugiato fresco

**Indicazioni:**

a) Tagliare la zucca a metà nel senso della lunghezza, quindi scolarla ed eliminare i semi. Sbucciare e tagliare a tocchetti da ½ pollice.

b) In una casseruola di medie dimensioni a fuoco alto, portare a ebollizione il brodo e 3 tazze di acqua. Aggiungi la zucca e fai sobbollire finché non sarà quasi tenera, da 2 a 3 minuti. Scolare la zucca e condire con sale e pepe e mettere da parte. Riservare il brodo separatamente.

c) Mettere i porri e le punte della tazza d'acqua in una padella ampia. Coprire e cuocere a fuoco lento finché i porri non saranno morbidi, circa 12 minuti, aggiungendo altra acqua se evapora.

d) Riservare i porri e aggiungere il liquido di cottura al brodo riservato.

e) Brodo caldo a fuoco basso su un fornello posteriore. Scaldare l'olio d'oliva in una padella capiente a fuoco medio. Aggiungere il riso e cuocere, mescolando continuamente, da 2 a 3 minuti. Con un mestolo aggiungete circa ¾ tazza di brodo e mescolate per liberare il riso dal fondo e dai lati della padella.

f) Quando il riso avrà assorbito la prima aggiunta di brodo, aggiungete un altro mestolo di brodo. Mescolare spesso per evitare che il riso si attacchi, aggiungendo altro brodo un mestolo alla volta per mantenere umidi i chicchi.

g) Dopo 10 minuti di aggiunta del brodo e mescolando, aggiungere i porri, l'aglio. e i prossimi 7 Ingredienti (attraverso il succo) e continuare a mescolare.

h) Continuare ad aggiungere il brodo fino a quando il riso non sarà reso senza centri gessosi (ma ancora sodo), da 18 a 22 minuti. Se finisci il brodo, aggiungi acqua calda.

i) Quando il riso sarà appena tenero, aggiungete un altro mestolo di brodo o acqua e tenete da parte la zucca. Togliere la padella dal fuoco, coprire e lasciar riposare 5 minuti. Condire con sale e pepe.

j) Per servire, mettere il risotto in una ciotola e guarnire con noci pecan e formaggio.

## 36. Risotto ai finocchi e pistacchi

Resa: 6 porzioni

## ingredienti

- 2 tazze di brodo di pollo, combinato con
- 1 tazza d'acqua
- 1 cucchiaio di burro o margarina
- 2 cucchiai di olio d'oliva
- 1 tazza di cipolla tritata finemente
- 1 finocchio medio
- 1 peperone rosso medio, tritato
- 2 medie Spicchi d'aglio, tritati
- $1\frac{1}{2}$ tazza di riso Arborio
- $\frac{1}{3}$ tazza di pistacchi sgusciati, tritati
- Pepe nero appena macinato
- $\frac{1}{4}$ tazza di parmigiano grattugiato

## Indicazioni:

a) Scaldare la combinazione brodo-acqua a fuoco medio-basso. Tenere caldo.

b) In una padella ampia, preferibilmente antiaderente, o in una pentola capiente, scaldare il burro e l'olio a fuoco medio fino a quando non saranno ben caldi. Aggiungere la cipolla, il finocchio e il peperoncino; soffriggere 5 minuti. Aggiungere l'aglio e far rosolare un altro minuto.

c) Unire il riso e cuocere, mescolando per 2 minuti. Iniziate ad aggiungere lentamente il liquido, circa un mestolo alla volta. Cuocere, coperto, a fuoco medio-basso, 10 minuti, mescolando di tanto in tanto.

d) Aggiungere il liquido lentamente e mescolare spesso. Attendere che il liquido sia stato assorbito ogni volta prima di aggiungere il mestolo successivo. Ripetere il processo di cottura, coperto, 10 minuti.

e) Scoprire e continuare ad aggiungere il liquido e mescolando spesso. Il risotto dovrebbe cuocere per circa 30 minuti. Il risotto finito dovrà risultare cremoso, con un po' di masticabilità al centro del riso.

f) Aggiungere i pistacchi, il pepe e il parmigiano al risotto finito, mescolando fino a quando non si sarà amalgamato.

## 37. Risotto spinaci e tofu

Resa: 4 porzioni

### ingredienti

- 8 once di tofu, sgocciolato
- 1 cipolla media; tritato (1/2 tazza)
- 1 spicchio d'aglio; tritato
- 2 cucchiai di olio vegetale
- 14½ oncia Pomodori, italiani, in scatola; tritato
- 1 cucchiaino di origano; essiccato; schiacciato
- 2 tazze di riso, marrone; cucinato
- 10 once Spinaci, congelati, tritati; scongelato e sgocciolato
- 1 cucchiaio di semi di sesamo; tostato

### Indicazioni:

a) Mettere il tofu nel contenitore del frullatore. Coperchio; frullare fino a che liscio.

b) In una pentola capiente fate cuocere la cipolla e l'aglio in olio bollente fino a quando la cipolla sarà tenera. Aggiungere i pomodori non scolati e l'origano. Portare a bollore; ridurre il calore.

c) Cuocere a fuoco lento, senza coperchio, per circa 3 minuti.

d) Unire il tofu, il riso, gli spinaci, $\frac{1}{2}$ cucchiaino di sale e $\frac{1}{4}$ di cucchiaino di pepe. Dividere il composto in 4 casseruole unte individuali o mettere tutto il composto in una casseruola unta da $1\frac{1}{2}$ quarto.

e) Cuocere, senza coperchio, in forno a 350 gradi per 30 minuti o fino a quando non saranno ben riscaldati. Guarnire con semi di sesamo.

# 38. Risotto al miele e orzo tostato

Resa: 14 porzioni

## ingredienti

- 2 scalogni; tritato
- 2 spicchi d'aglio; tritato
- 2 gambi di sedano; tagliato a dadini
- 2 cucchiai di olio d'oliva
- 1 cucchiaio di burro
- ¼ tazza di riso Arborio; (risotto)
- 3½ quarti Zuppa di zucca arrosto
- ¼ tazza d'orzo; tostato, cotto
- ¼ tazza di zucca; tagliato a dadini piccoli
- ¼ tazza di formaggio romano; grattugiato
- Sale e pepe nero

## Indicazioni:

a) In una casseruola a fuoco moderato fate rosolare lo scalogno, l'aglio e il sedano in olio e burro finché non saranno teneri. Aggiungere il riso, mescolando per ricoprire bene. Non lasciare che i grani si brucino.

b) Aggiungere 3½ tazze di zuppa in piccoli lotti, mescolando continuamente.

c) Aggiungere l'orzo e la zucca. Continuare la cottura allo stesso modo fino a quando il riso sarà tenero ma al dente. Aggiungi il formaggio. Regolare il condimento.

d) Per porzione, versare una cucchiaiata di risotto al centro della zuppiera. Mestolo 1 tazza di zuppa intorno al risotto.

## 39. Risotto di patate dolci alle erbe

Resa: 1 porzione

ingredienti

- 1 cucchiaio di olio d'oliva vergine
- 1 tazza di patate dolci a cubetti (1").
- 1 tazza di riso Arborio
- $\frac{1}{2}$ tazza di cipolle tritate
- 1 cucchiaio di salvia fresca tritata
- 1 cucchiaino Scorza d'arancia grattugiata
- $\frac{1}{8}$ cucchiaino di noce moscata macinata
- 2 tazze di brodo di pollo sgrassato
- $\frac{1}{4}$ tazza di succo d'arancia
- Sale e pepe nero
- 1 cucchiaio di parmigiano grattugiato
- 2 cucchiai Prezzemolo italiano fresco tritato

**Indicazioni:**

a) In una grande ciotola adatta al microonde, scalda l'olio nel microonde per 1 minuto alla massima potenza.

b) Unire le patate dolci, il riso, le cipolle, la salvia, la scorza d'arancia e la noce moscata.

c) Microonde, scoperto per 1 minuto. Unire 1 tazza e mezza di brodo.

d) Microonde per 10 minuti, mescolando una volta a metà cottura.

e) Unire la restante $\frac{1}{2}$ tazza di brodo e il succo d'arancia. Microonde per 15 minuti, mescolando una volta a metà cottura.

f) Aggiungere sale e pepe a piacere. Spolverizzate con parmigiano e prezzemolo.

## 40. Risotto al microonde

Resa: 2 porzioni

**ingredienti**

- 1 cucchiaino di burro non salato
- 1 cucchiaino di olio d'oliva
- 2 cucchiai Cipolle tritate
- 1 spicchio d'aglio; tritato
- ¼ tazza di riso Arborio
- 1 tazza di brodo di pollo
- ¼ bicchiere di vino bianco secco
- Sale e pepe; assaggiare
- 4 once cotte; cuori di carciofi affettati
- 4 once di peperone a cubetti cotto e sgocciolato
- 2 once di pomodori secchi tritati al sole
- 2 once di capperi tritati
- Zafferano; basilico o altra spezia a piacere.

**Indicazioni:**

a) Scaldare burro e olio in una ciotola capiente, scoperta, nel forno a microonde al 100% per 2 minuti.

b) Aggiungere cipolla, aglio e riso; mescolare per ricoprire. Cuocere, senza coperchio, al 100% per 4 minuti.

c) Aggiungere il brodo, il vino e gli eventuali ingredienti facoltativi Cuocere, senza coperchio, per 6 minuti. Mescolare bene e cuocere per altri 6 minuti. Controlla che il liquido non si cuocia completamente.

d) Togliere dal microonde. Aggiustate di sale e pepe e servite caldo.

# 41. Risotto giapponese ai funghi

Resa: 4 porzioni

## ingredienti

- $4\frac{1}{2}$ tazza di brodo vegetale; o brodo miso-infuso, salato
- 1 cucchiaio di olio extravergine di oliva
- $\frac{1}{2}$ tazza di riso per sushi di rose
- $\frac{1}{2}$ tazza di sake
- Sale kosher
- Pepe nero appena macinato
- $\frac{1}{2}$ tazza di funghi Enoki
- $\frac{1}{2}$ tazza di scalogno tritato
- $\frac{1}{4}$ tazza di germogli di ravanello

**Indicazioni:**

a) Se si utilizza il brodo infuso di miso, unire 1 cucchiaio di miso con 4 tazze e mezzo di acqua e portare a ebollizione. Abbassate il fuoco e fate sobbollire.

b) In una grande casseruola, scaldare l'olio d'oliva a fuoco medio-alto. Aggiungere il riso, mescolando continuamente in una direzione, finché non sarà ben ricoperto. Togliere la padella dal fuoco e aggiungere il sakè.

c) Rimettete sul fuoco e mescolate continuamente in una direzione fino a quando tutto il liquido non sarà assorbito. Aggiungere il brodo o il brodo con incrementi di $\frac{1}{2}$ tazza, mescolando continuamente fino a quando tutto il liquido non viene assorbito ad ogni aggiunta.

d) Condire con sale e pepe. Versare nelle ciotole da portata, guarnire con i funghi, lo scalogno e i germogli e servire.

e) Guarnire con delicati funghi enoki, scalogno tritato e germogli di ravanello speziati.

## 42. Risotto all'aceto balsamico

Resa: 1 porzione

**ingredienti**

- 100 grammi di burro
- ½ cipolla
- 1 foglia di alloro
- 1 pizzico di rosmarino essiccato
- 300 grammi di riso Arborio
- 1 tazza di brodo vegetale
- ½ litro di Cabernet o Barolo
- Parmigiano grattugiato fresco
- Aceto balsamico

**Indicazioni:**

a) In una casseruola mettete 50 g di burro, la mezza cipolla tritata, l'alloro e il pizzico di rosmarino e fate cuocere a fuoco medio fino a quando la cipolla sarà trasparente.

b) Quindi aggiungere il riso e mescolare continuamente per un minuto fino a quando tutto è ben amalgamato. Quindi aggiungere una tazza "buona" di brodo vegetale e portare il tutto a bollore.

c) Aggiungere mezzo litro di vino rosso e far evaporare l'alcool. Dopo 15 minuti aggiungere il parmigiano grattugiato fresco e gli altri 50 g di burro.

d) Mescolate e poi lasciate cuocere per un altro minuto.

e) Poco prima di togliere dal fuoco aggiungete un bicchierino di aceto balsamico.

## 43. Risotto ai mirtilli con porcini

Resa: 4 porzioni

**ingredienti**

- 8¾ oncia Porcini freschi, affettati
- 1 Cipolla piccola; tritato
- ¾ di oncia di burro
- 5 once di riso per risotto; non lucidato
- 5½ oncia di mirtilli
- ¼ bicchiere di vino bianco; asciutto
- 1¾ tazza di brodo
- ¼ tazza di olio d'oliva
- 1 rametto di timo
- 1 spicchio d'aglio; purè
- 2 once di burro

**Indicazioni:**

a) In una casseruola scaldare il burro e far rosolare la cipolla. Unire il riso e i mirtilli, far rosolare brevemente. Bagnare con il vino, cuocere fino ad assorbimento; bagnare con brodo e cuocere fino a quando sono teneri. Mescolate continuamente, se necessario aggiungete del brodo. Condire con sale e pepe.

b) In una padella scaldare l'olio, far rosolare i funghi, l'aglio e il timo. Unire il burro al risotto. Trasferire su piatti caldi e decorare con i funghi.

## 44. Risotto carote e broccoli

Resa: 4 porzioni

**ingredienti**

- 5 tazze di brodo di pollo a basso contenuto di sodio; o brodo vegetale
- 1 cucchiaio di olio d'oliva
- 2 carote intere; a dadini fini (1 tazza)
- $\frac{1}{2}$ tazza di scalogno; tritato
- 1 tazza di finocchio; tritato
- 2 tazze di riso; (arboreo)
- $\frac{1}{4}$ bicchiere di vino bianco secco
- 2 tazze di cimette di broccoli
- 2 carote intere; grattugiato
- 2 cucchiai di parmigiano grattugiato
- 1 cucchiaio di succo di limone fresco
- 2 cucchiaini di scorza di limone
- 2 cucchiaini di timo fresco; tritato
- $\frac{1}{2}$ cucchiaino di sale

- Pepe nero macinato fresco; assaggiare

**Indicazioni:**

a) In una casseruola media, portare ad ebollizione il brodo. Abbassare la fiamma per far sobbollire. In una casseruola ampia e dal fondo spesso, scaldare l'olio d'oliva a fuoco medio. Aggiungere le carote e lo scalogno tagliati a dadini e cuocere fino a quando lo scalogno inizia ad ammorbidirsi, circa 6 minuti.

b) Aggiungere il finocchio e il riso e cuocere, mescolando continuamente, fino a quando il riso è ben ricoperto, da 1 a 2 minuti. Aggiungere il vino bianco e cuocere fino a quando non si sarà assorbito.

c) Aggiungere 1 tazza di brodo bollente nella casseruola grande e continuare la cottura, mescolando fino a quando il brodo non sarà quasi completamente assorbito. Continuare ad aggiungere il brodo, $\frac{1}{2}$ tazza alla volta, mescolando e cuocendo fino a quando il brodo si sarà assorbito e il riso si staccherà dal lato della pentola prima di ogni aggiunta.

d) Continua fino a quando tutto il brodo è stato assorbito tranne 1 tazza e $\frac{1}{2}$, 15 - 20 minuti.

e) Aggiungere i broccoli e le carote grattugiate e continuare la cottura aggiungendo il brodo, $\frac{1}{4}$ di tazza alla volta, fino a quando il riso è cremoso ma sodo al centro. Questo dovrebbe richiedere altri 5-10 minuti.

f) Togliere dal fuoco, mantecare con parmigiano, succo, scorza, timo, sale, pepe e servire subito.

## 45. Risotto ai finferli

Resa: 2 porzioni

**ingredienti**

- 1 cipolla rossa piccola; tritato finemente
- 1 spicchio d'aglio; tritato finemente
- 8 once di finferli
- 1 cucchiaio di foglie di basilico fresco; tritato
- 3 once di burro
- 2 once di parmigiano fresco; grattugiato (facoltativo)
- 6 once di riso per risotto italiano
- 5 once di vino bianco
- 15 once Brodo di verdure

**Indicazioni:**

a) In una padella ampia, soffriggete la cipolla e l'aglio con metà del burro, fino a quando saranno morbidi e dorati. Aggiungere il basilico e i finferli e cuocere per qualche minuto.

b) Aggiungere il riso, soffriggere per un minuto, mescolando continuamente.

c) Sfumate con il vino e metà del brodo, portate a bollore, quindi coprite la padella e fate sobbollire. Controllare ogni tanto per vedere se il riso si sta asciugando e aggiungere altro brodo se lo è.

d) Quando il riso è appena cotto, mantecare con il resto del burro e il formaggio. Cuocete ancora per qualche minuto, mescolando.

e) Servire con un'insalata verde e un po' di ciabatta.

## 46. Risotto ai porcini e tartufo

Resa: 4 porzioni

## Ingredienti:

- 25 grammi di burro; (1 oncia)
- 1 cucchiaio di olio d'oliva
- 1 cipolla media; tritato
- 250 grammi di risotto Arborio; (8 once)
- 2 Dadi da brodo vegetale
- 2 Confezioni da 20 g di funghi porcini
- 2 cucchiai di mascarpone
- 1 cucchiaino di crema al tartufo
- Sale e pepe nero appena macinato
- Scaglie di parmigiano

## Indicazioni:

a) Scaldare il burro e l'olio d'oliva in una padella larga e poco profonda, aggiungere la cipolla e far rosolare a fuoco moderato per 3-4 minuti. Unire il riso e cuocere per un altro minuto unendo il riso con l'olio.

b) Aggiungere gradualmente il brodo caldo, sempre mescolando, aggiungendo altro brodo man mano che il brodo si sarà assorbito. Ripetere questo processo fino a quando tutto il brodo non sarà stato incorporato, ci vorranno circa 20 minuti.

c) Infine mantecare con i funghi porcini e il liquido messo da parte, il mascarpone, la crema di tartufo e condire con sale e pepe nero appena macinato e scaldare per altri 1-2 minuti. Servire subito con scaglie di parmigiano.

# 47. Risotto Puschlaver

Resa: 4 porzioni

**Ingredienti:**

- 30 grammi Porcini secchi o altro fungo
- 100 grammi di burro
- 1 cipolla, tritata finemente
- $\frac{1}{8}$ cucchiaino di Zafferano, spezzettato piccolo
- 1 dl Vino rosso
- 350 grammi Risotto riso (Arborio)
- Brodo da 8 decilitri
- 100 grammi Formaggio grattugiato
- 250 grammi Vitello, tagliato a listarelle sottili
- 1 decilitro di panna
- 2 Pomodori, pelati e tagliati a cubetti
- 1 Mazzo di prezzemolo, tritato finemente

**Indicazioni:**

a) Mettere a bagno i funghi, quindi scolarli e asciugarli bene. Riserva il liquido di ammollo.

b) Sciogliere in una padella 40 g di burro: aggiungere la cipolla, i funghi, l'aglio e far rosolare velocemente; quindi aggiungere il vino rosso e abbassare la fiamma in modo che sia in parte assorbito. Quindi aggiungere il riso e lo zafferano e mescolare bene. Aggiungere il brodo e l'acqua di funghi, mescolare e portare a ebollizione a fuoco lento.

c) Cuocete lentamente fino a quando il liquido non sarà assorbito. Il riso deve essere al dente. -- Il burro e il formaggio grattugiato vengono conditi con il risotto quando è completo.

d) Infarinate leggermente il vitello e fatelo rosolare in altro burro; a cottura ultimata abbassate la fiamma e aggiungete la panna mescolando accuratamente. Fare una "ammaccatura" al centro del risotto e versarvi sopra il composto di vitello e panna.

e) Per guarnire, soffriggere i pomodori e il prezzemolo nel resto del burro e cospargere la superficie del risotto.

f) Servire.

## 48. Risotto allo champagne

Resa: 4 porzioni

## Ingredienti:

- 1 oncia di funghi secchi
- 3 cucchiai di burro
- 2 cucchiai di olio d'oliva
- $\frac{1}{4}$ Cipolla gialla; tritato grossolanamente
- $1\frac{1}{2}$ tazza di riso Arborio italiano; grezzo
- 3 tazze di brodo di pollo; fresco o in scatola
- 1 tazza di Champagne o vino bianco secco
- $\frac{1}{2}$ tazza di panna da montare
- Sale; assaggiare

## Indicazioni:

a) Immergere i funghi in 1 tazza di acqua calda fino a renderli morbidi, circa 1 ora. Scolare e utilizzare il liquido per qualche altro scopo, magari un brodo da zuppa. Non utilizzare l'acqua dei funghi nel risotto perché coprirà il sapore della panna e del vino. Tritare i funghi. Scaldare una casseruola pesante da 4 quarti e aggiungere il burro, l'olio, le cipolle e i funghi.

b) Cuocere fino a quando le cipolle saranno chiare, quindi aggiungere il riso. Mescolare accuratamente in modo che ogni chicco sia ricoperto di olio. In una padella a parte portare a ebollizione il brodo di pollo.

c) Aggiungere 1 tazza di brodo al riso, mescolando per garantire un piatto cremoso. Continuare ad aggiungere il brodo man mano che viene assorbito. Quando il brodo sarà assorbito aggiungete lo champagne e continuate la cottura, mescolando delicatamente.

d) Quando il riso inizia a diventare tenero aggiungere la panna e cuocere fino a quando il riso è tenero ma ancora un po' gommoso. Assaggiate di sale e servite subito.

## 49. Risotto ai funghi con pecorino

Serve 2

**Ingredienti:**

- porcini secchi 25g
- dado vegetale 1
- olio d'oliva 2 cucchiai
- funghi di castagno 200 g, tagliati in quattro
- burro 25 g
- scalogno 3, tritato finemente
- aglio 1 spicchio, schiacciato
- riso arborio 150 g
- vino bianco 1 bicchiere
- spinaci 100 g, tritati
- pecorino (o alternativa vegetariana) 50 g, grattugiato finemente, più un po' di più da servire, se piace
- limone 1, sbucciato

**Indicazioni:**

a) Metti i porcini in una ciotolina, versaci sopra 300 ml di acqua bollente e lascia in ammollo per 15 minuti.

b) Filtrare il liquido attraverso un colino fine in una brocca e riempire con acqua bollente fino a 600 ml. Sbriciolare nel dado o aggiungere 1 cucchiaino di brodo in polvere o liquido. Tritare grossolanamente i porcini.

c) Scaldare 1 cucchiaio di olio d'oliva in una padella ampia, poco profonda e antiaderente e aggiungere i funghi di castagno.

d) Friggere, mantenendo il fuoco abbastanza alto, fino a quando i funghi non saranno diventati dorati e leggermente ristretti (questo aiuterà a concentrare il sapore). Raschiare i funghi dalla padella in una ciotola e pulire la padella.

e) Aggiungere 1 cucchiaio di olio e il burro nella padella e cuocere lo scalogno e l'aglio finché non si saranno ammorbiditi. Aggiungere i porcini e il risotto e mescolare fino a quando non saranno ricoperti. Sfumate con il vino e fate sfumare finché non sarà tutto assorbito.

f) Aggiungere gradualmente il brodo di porcini, mescolando fino a quando il riso è quasi tenero, quindi aggiungere i funghi di castagno.

g) Aggiungere l'ultimo brodo insieme agli spinaci, al pecorino e alla scorza di limone.

h) Togliete dal fuoco, mettete un coperchio e fate riposare per 5 minuti prima di servire in ciotole con formaggio extra, se vi piace.

## 50. Risotto ai funghi e riso selvatico

Serve 4

**Ingredienti:**

- aglio 1 bulbo intero
- olio d'oliva
- scalogno 4, tagliato a dadini fini
- vino bianco 125ml
- mix di riso selvatico 300 g
- timo 2 rametti, foglie raccolte
- brodo vegetale 2 litri, riscaldato
- riso arborio 100 g
- funghi misti 200 g, puliti e affettati
- crème fraîché magro 2 cucchiai

**Indicazioni:**

a) Riscaldare il forno a 200°C/180°C ventilato/gas 6. Tagliare la parte superiore del bulbo d'aglio in modo che la maggior parte degli spicchi sia esposta.

b) Strofinare con 1 cucchiaino di olio, condire dappertutto, avvolgere strettamente in un foglio e mettere il lato tagliato verso l'alto su una teglia. Arrostire per 30-40 minuti fino a quando l'aglio è davvero morbido quando lo si preme.

c) Scaldare 1 cucchiaino di olio in una padella e friggere lo scalogno finché non diventa morbido. Aggiungere il vino e far sobbollire finché non si sarà ridotto della metà, quindi aggiungere il riso selvatico e metà del timo. Aggiungere il brodo 1/3 alla volta, mescolando spesso.

d) Dopo 20 minuti e dopo aver mantecato circa 2/3 del brodo, aggiungere l'arborio e cuocere per altri 20 minuti, o finché il riso non sarà tenero. Aggiungere un po' d'acqua se tutto il brodo è stato assorbito, ma il riso non è cotto.

e) Friggere i funghi in 1 cucchiaino di olio per 5-10 minuti fino a quando non saranno dorati e teneri. Salate e aggiungete le restanti foglie di timo.

f) Mescolare i funghi e la crème fraîché attraverso il risotto. Spremere gli spicchi d'aglio dalla buccia e mescolare per servire.

## 51. Risotto funghi e spinaci

Serve 2

Ingredienti:

- porcini secchi 25g
- burro 50 g
- cipolla 1 piccola, tritata finemente
- aglio 1 spicchio, schiacciato
- funghi di castagno 200 g, affettati
- risotto 150 g
- vino bianco un bicchiere
- brodo vegetale 750 ml, sempre a fuoco lento
- spinaci 100 g, lavati e tritati
- parmigiano a scaglie (facoltativo)

Indicazioni:

a) Lessate i porcini in una tazza di acqua bollente per 10 minuti. Filtrate il liquido con un colino per eliminare la granulosità e conservate per il risotto. Tritare grossolanamente i porcini.

b) Scaldare il burro in una padella larga e poco profonda e cuocere la cipolla e l'aglio finché non si ammorbidiscono. Aggiungere i funghi di castagno e cuocere per 5 minuti, quindi aggiungere i porcini e il risotto e mescolare fino a quando non saranno ricoperti.

c) Sfumate con il vino e fate bollire fino a quando non sarà tutto assorbito. Aggiungere gradualmente il brodo e il liquido di ammollo dei porcini, mescolando fino a quando il riso è tenero ma ha ancora un po' di mordente (potrebbe non essere necessario tutto il brodo).

d) Mescolare gli spinaci fino a quando non appassiscono. Servite spolverando con un po' di parmigiano se vi piace.

## 52. Torta Di Risotto Con I Funghi

Serve 8

**Ingredienti:**

- olio d'oliva
- cipolle 2, tritate finemente
- aglio 3 spicchi, schiacciati
- risotto 350 g
- brodo vegetale 1 litro, caldo
- funghi selvatici 200 g
- burro 25 g, più una noce
- timo 5 rametti
- parmigiano o grana padano (o alternativa vegetariana) 85 g, grattugiato
- ricotta 150 g
- uova 2, sbattute con una forchetta
- taleggio o alternativa vegetariana 85g, affettato sottilmente

**Indicazioni:**

a) Scaldare 2 cucchiai di olio d'oliva in una padella ampia e soffriggere le cipolle e l'aglio dolcemente fino a quando non saranno ben ammorbiditi.

b) Incorporate il riso per un minuto, quindi iniziate a mantecare con il brodo, un mestolo alla volta, facendo assorbire ogni mestolo prima di aggiungere il successivo. Continuate la cottura e aggiungete il brodo per circa 20 minuti, finché il riso non sarà tenero. Stendere su una teglia per raffreddare e rassodare un po'.

c) Nel frattempo, scaldare il forno a 180°C/160°C/gas 4. Imburrare leggermente uno stampo da 22 cm di profondità con una base morbida. Versare i funghi nella padella pulita con il burro e le foglie di timo di 2 rametti e friggere finché non saranno dorati e teneri.

d) Raschiare il riso raffreddato in una terrina con la maggior parte dei funghi, tutto il parmigiano, la ricotta e le uova, aggiungere abbondante condimento e mescolare bene.

e) Versare il composto di riso nella teglia e premere bene per lisciare la parte superiore. Spargere sui restanti funghi, taleggio e rametti di timo e pressare in modo che tutto aderisca, quindi irrorare con un filo d'olio d'oliva.

f) Cuocere per 25-30 minuti fino a quando non saranno dorate e croccanti in superficie. Fate raffreddare per 20 minuti, poi tagliate a spicchi e servite con l'insalata.

## 53. Risotto uova e germogli di soia

Resa: 4 porzioni

**ingredienti**

- 4 uova
- 1 cipolla grande; affettato finemente
- 1 peperone verde; privato dei semi e affettato
- 2 cucchiai di olio vegetale
- 125 grammi di funghi; affettato
- 225 grammi di grano crackizzato (bulgar).
- 400 grammi Pomodori tagliati in scatola premium
- 450 ml Brodo vegetale fatto con un dado da brodo
- 200 grammi di germogli di soia
- 4 cucchiai di salsa Satay saltata in padella
- Sale e pepe nero appena macinato
- Foglie di coriandolo fresco per guarnire, facoltativo

**Indicazioni:**

a) Mettere le uova in una pentola con acqua fredda, portare a bollore e cuocere a fuoco lento per 7 minuti fino a quando saranno sode. Scolare, rompere immediatamente i gusci, quindi tenerli sotto l'acqua fredda corrente fino a quando non si saranno raffreddati. Lasciare in una ciotola fino a quando richiesto.

b) Cuocere la cipolla e il peperone nell'olio in una padella ampia per 3-4 minuti fino a quando non saranno morbidi. Aggiungere i funghi e il grano spezzato, mescolare bene il tutto, quindi aggiungere i pomodorini tagliati a pezzetti e il brodo vegetale.

c) Portare a bollore, quindi cuocere a fuoco lento per 10 minuti fino a quando il grano non sarà ben gonfio e il brodo si sarà quasi completamente assorbito.

d) Nel frattempo sgusciare le uova, tritarne tre grossolanamente e tagliare la restante in quarti e mettere da parte.

e) Aggiungere le uova tritate al composto di grano e la salsa satay e scaldare per 2-3 minuti.

f) Condire bene con sale e pepe, quindi trasformare il risotto in un piatto da portata riscaldato e guarnire con l'uovo rimasto e alcune foglie di coriandolo fresco, se utilizzate.

## 54. Risotto al pomodoro e funghi

Resa: 1 porzione

ingredienti

- 1 libbra Pomodori freschi; dimezzato e seminato
- Un filo d'olio d'oliva
- Sale
- Pepe nero appena macinato
- 4 funghi portobello medi; stelo e pulito
- 1 libbra di mozzarella fresca; affettato
- 1 cucchiaio di olio d'oliva
- 1 tazza di cipolle tritate
- 6 tazze di acqua
- 1 cucchiaino di aglio tritato
- 1 libbra di riso Arborio
- 1 cucchiaio di burro non salato
- $\frac{1}{4}$ di tazza di panna
- $\frac{1}{2}$ tazza di Parmigiano-Reggiano grattugiato fresco
- 3 cucchiai di cipolle verdi tritate;

**Indicazioni:**

a) Preriscaldare la griglia a 400 gradi. In una terrina, condite i pomodorini con l'olio d'oliva, sale e pepe. Mettere sulla griglia e cuocere per 2 o 3 minuti per lato. Togliere dalla griglia e mettere da parte. Preriscaldare il forno a 400 gradi.

b) Disporre il fungo portobello su una teglia foderata di carta da forno, incavare. Irrorate entrambi i lati dei funghi con l'olio d'oliva.

c) Condite da entrambi i lati con sale e pepe. Sfornare un quarto del formaggio su ogni cavità del fungo.

d) Mettere in forno e cuocere fino a quando i funghi sono teneri e il formaggio spumeggiante, circa 10 minuti. Scaldare l'olio d'oliva in una padella capiente a fuoco medio.

e) Aggiungere le cipolle. Condire con sale e pepe. Soffriggere fino a quando le cipolle sono leggermente morbide, circa 3 minuti.

f) Aggiungere l'acqua e l'aglio. Portare la miscela a ebollizione, ridurre il fuoco a medio e cuocere a fuoco lento per circa 6 minuti.

g) Aggiungere il riso e cuocere a fuoco lento, mescolando continuamente fino a ottenere un composto cremoso e spumeggiante, circa 18 minuti. Unire il burro, la panna, il formaggio e le cipolle verdi.

h) Fate sobbollire per circa 2 minuti, mescolando continuamente. Togliere dal fuoco e mantecare con i pomodori. Per servire, affettare ogni portobello in quarti. Versate il risotto in ogni piatto da portata. Adagiate 2 fette di portobello sopra il risotto.

i) Guarnire con prezzemolo.

## 55. Risotto agli asparagi e funghi

Resa: 4 porzioni

Ingrediente

- Olio d'oliva o per insalata
- 1 ½ libbra di asparagi, le estremità dure tagliate e le lance tagliate a pezzi da 1 1/2 pollice
- 2 carote medie, affettate sottilmente
- ¼ di libbra di funghi Shiitake, i gambi rimossi e i cappucci tagliati a fette spesse 1/4 di pollice
- 1 cipolla media, tritata
- 1 peperone rosso medio, tagliato a strisce sottili come un fiammifero lunghe 1 pollice
- 2 confezioni (5,7 once) di risotto al gusto di primavera OPPURE di risotto ai funghi
- Rametti di prezzemolo per guarnire
- Parmigiano grattugiato (opz)

**Indicazioni:**

a) In una casseruola da 4 quarti a fuoco medio-alto, in 1 T di olio d'oliva o insalata caldo, cuocere gli asparagi fino a quando non saranno dorati e teneri croccanti. Con un mestolo forato, togliere gli asparagi nella ciotola.

b) Con l'olio rimasto nella casseruola e altro olio d'oliva caldo o per insalata, cuocere le carote, i funghi e la cipolla fino a quando le verdure non saranno croccanti e inizieranno a dorarsi. Aggiungere il peperoncino; cuocere, mescolando, 1 minuto.

c) Aggiungere il risotto e l'acqua a 4 C, a fuoco alto, portare a bollore.

d) Ridurre il calore al minimo; coprire e far sobbollire 20 minuti. Togliere la casseruola dal fuoco. Unire gli asparagi; coprire e lasciare riposare 5 minuti per permettere al riso di assorbire il liquido.

e) Per servire, mettere il risotto su un piatto da portata. Guarnire con rametti di prezzemolo.

f) Servite con parmigiano grattugiato, se vi piace.

## 56. Risotto alle verdure autunnali

Resa: 4 porzioni

**ingredienti**

- 2 cucchiai di olio d'oliva
- 2 cucchiai di burro
- 1 cipolla, tritata
- 2 spicchi d'aglio, tritati
- 1 tazza di funghi, affettati
- 1 zucchina, dadi grandi
- 1 Peperone rosso dolce, tagliato a dadini
- 1 tazza di chicchi di mais, cotti
- 1 cucchiaino di rosmarino fresco, tritato
- $\frac{1}{4}$ cucchiaino di pepe
- pizzico di sale
- pizzicare i fiocchi di peperoncino
- 1 cucchiaio Scorza di limone, grattugiata
- $1\frac{1}{2}$ tazza di riso Arborio
- $4\frac{1}{2}$ tazza di brodo vegetale/di pollo

- ¾ tazza di parmigiano, grattugiato fresco
- 1 cucchiaio di succo di limone

**Indicazioni:**

a) In una pentola capiente e pesante, scaldare metà dell'olio e del burro a fuoco medio; cuocere la cipolla, l'aglio e i funghi, mescolando, per 5 minuti o fino a quando non si saranno ammorbiditi.

b) Aggiungere le zucchine, il peperoncino, il mais, il rosmarino, il pepe, il sale ei fiocchi di peperoncino; cuocere, mescolando per 3-5 minuti o finché il liquido non sarà evaporato.

c) Togliere dalla padella e mettere da parte; tenere caldo.

d) Scaldare l'olio e il burro rimanenti nella stessa padella a fuoco medio-alto. Aggiungere la scorza di limone e il riso; cuocere, mescolando, per 1 minuto. Unire ½ tazza di brodo; Cuocere, mescolando continuamente, fino a quando tutto il liquido non sarà assorbito.

e) Continuate ad aggiungere brodo, ½ tazza alla volta, cuocendo e mescolando fino a quando ogni aggiunta viene assorbita prima di aggiungere la successiva, finché il riso non sarà tenero per 15-18 minuti in totale.

f) Unire ½ tazza di formaggio. Unire il succo di limone e la miscela di verdure; riscaldare. Condite con altro sale e pepe a piacere.

## 57. Risotto vegano

Serve 4

**Ingredienti:**

- olio d'oliva 1 cucchiaio
- cipolla 1, tritata finemente
- finocchio 1 bulbo, tritato finemente
- 1 zucchina, tagliata a metà nel senso della lunghezza e affettata sottilmente
- aglio 3 spicchi, tritati finemente
- semi di finocchio ½ cucchiaino, leggermente schiacciati
- risotto 200 g
- vino bianco vegano un bicchierino (facoltativo)
- brodo vegetale 800 ml, caldo
- piselli surgelati 200 g
- lievito alimentare 2 cucchiai
- limone 1, sbucciato e spremuto
- prezzemolo a foglia piatta un mazzetto, tritato finemente

**Indicazioni:**

a) Scaldare l'olio d'oliva in una padella ampia e profonda, aggiungere la cipolla, il finocchio e la zucchina e far soffriggere per 10 minuti fino a quando non si ammorbidisce, aggiungendo un filo d'acqua se inizia a prendere.

b) Aggiungere l'aglio e i semi di finocchio e cuocere per 2 minuti, quindi aggiungere il riso e mescolare fino a quando ogni chicco è leggermente ricoperto d'olio. Sfumate con il vino, se utilizzato, e fate evaporare finché non si sarà ridotto della metà.

c) Tenere il brodo vegetale in una padella a fuoco molto basso per tenerlo al caldo. Aggiungere un mestolo alla volta al risotto, aggiungendone altro solo quando l'ultimo cucchiaio sarà stato completamente assorbito, mescolando continuamente.

d) Una volta che il riso è cotto ma ha ancora un po' di mordente, aggiungete i piselli surgelati e fate cuocere ancora per qualche minuto fino a quando saranno appena cotti.

e) Unire il lievito alimentare, la scorza e il succo di limone e un po' di condimento, dividere in ciotole poco profonde e guarnire con il prezzemolo.

## 58. Risotto vegano ai funghi

Serve 4-6

**Ingredienti:**

- funghi porcini secchi 20g
- olio d'oliva 1 cucchiaio e mezzo
- cipolla 1 grande, tritata finemente
- sedano 2 gambi, tritati finemente
- funghi di castagno 150 g, a fette
- aglio 3 spicchi, schiacciati
- risotto 300 g
- vino bianco vegano 125ml
- brodo vegetale caldo 200-400 ml
- limone $\frac{1}{2}$ piccolo, sbucciato
- prezzemolo un mazzetto, tritato finemente
- pasta di tartufo 1-2 cucchiai, a seconda della forza

FUNGHI SOTTACETI

- aceto di sidro 75 ml
- zucchero semolato 50 g
- funghi misti di bosco 50 g, tagliati a pezzetti

## Funghi tartufati

- funghi misti di bosco 100 g, tagliati a pezzetti
- erba cipollina tagliata finemente per fare 1 cucchiaio, più extra per servire
- olio al tartufo 1 cucchiaio, più extra per servire

### Indicazioni:

a) Metti i porcini secchi in una ciotola resistente al calore e versaci sopra 600 ml di acqua appena bollita. Lasciare in ammollo.

b) Per fare i funghi in salamoia, mettete in un pentolino l'aceto, 75 ml di acqua, lo zucchero e un pizzico di sale. Scaldare fino a quando lo zucchero non si sarà sciolto, quindi togliere dal fuoco per raffreddare leggermente.

c) Mettere i funghi in una ciotola resistente al calore, versarvi sopra il liquido di marinatura e lasciare mentre preparate il risotto.

d) Scaldare 1 cucchiaio di olio in una padella profonda a fuoco medio e soffriggere la cipolla e il sedano per 10 minuti fino a quando non si saranno ammorbiditi ma non dorati. Aggiungere i funghi di castagno e alzare leggermente il fuoco.

e) Friggere, mescolando spesso, per altri 8-10 minuti o fino a quando i funghi non hanno rilasciato il loro liquido e iniziano a diventare dorati.

f) Scolare i porcini in una caraffa, scartando gli ultimi cucchiai di brodo. Mescolare l'aglio e il riso nella padella con il composto di verdure, unendo il riso nell'olio e cuocere per 1-2 minuti o finché l'aglio non sarà fragrante.

g) Aggiungere il vino e fare bollire per un minuto, quindi aggiungere il brodo di funghi porcini, una spruzzata alla volta, mescolando continuamente e aspettando che ogni aggiunta si assorba prima di aggiungerne dell'altra.

h) Quando tutto il brodo di funghi è stato aggiunto, aggiungete il brodo vegetale.

i) Dopo circa 15-20 minuti, controlla il riso per assicurarti che sia tenero. Aggiungere un goccio di brodo o acqua se occorre continuare la cottura per qualche minuto.

j) Quando il riso sarà appena tenero, mantecate con i porcini reidratati, la scorza di limone, il prezzemolo e la pasta di tartufo. Coprire, togliere dal fuoco e lasciare per 5 minuti.

k) Per i funghi tartufati, scaldare l'olio d'oliva rimanente in una padella a fuoco vivo e friggere i funghi fino a quando non saranno leggermente dorati e leggermente ammorbiditi. Aggiustate di sale, quindi togliete dal fuoco e mantecate con l'erba cipollina e l'olio al tartufo.

l) Unire delicatamente i funghi tartufati al risotto, quindi scolare i funghi in salamoia e versarli sopra.

m) Irrorate con altro olio al tartufo e spolverizzate con un po' di erba cipollina per servire.

## 59. Risotto Farro Con Funghi

Serve 4

**Ingredienti:**

- funghi porcini secchi 20g
- olio vegetale 2 cucchiai
- funghi di castagno 250 g, affettati
- cipolla 1, tritata finemente
- 2 spicchi d'aglio, tritati finemente
- farro perlato 250g
- vino bianco un bicchiere (facoltativo)
- brodo vegetale 500 ml, caldo
- formaggio a pasta molle 2 cucchiai
- Formaggio a pasta dura italiano 25 g, grattugiato finemente, più extra per servire
- prezzemolo a foglia piatta un mazzetto, foglie strappate
- limone 1, sbucciato e una spremuta di succo

**Indicazioni:**

a) Mettere i porcini secchi in una ciotolina e versarvi sopra 250 ml di acqua appena bollita.

b) Scaldare 1 cucchiaio di olio vegetale in una padella ampia a fuoco alto e aggiungere i funghi di castagno. Cuocete per 5-10 minuti o fino a quando tutta l'umidità sarà evaporata e saranno caramellate.

c) Abbassate il fuoco e aggiungete l'olio rimasto, la cipolla, l'aglio e un po' di condimento, e fate cuocere dolcemente per 5 minuti fino a quando non saranno morbidi.

d) Aggiungere il farro e mescolare fino a quando non sarà completamente ricoperto di olio. Sfumate con il vino, se utilizzato, e fate cuocere fino a quando non si sarà ridotto di 1/2.

e) Scolare i porcini, mantenendo il liquido, tritarli e unirli al risotto. Aggiungere il liquido dei porcini al brodo e mantecare nel risotto un mestolo alla volta. Cuocete per 25 minuti o fino a quando il farro sarà tenero.

f) Mescolare i formaggi a pasta molle e dura, seguiti dal prezzemolo.

g) Per servire, dividere nelle ciotole, spremere un po' di succo di limone, cospargere di scorza di limone e formaggio extra, se lo si desidera.

## 60. Risotto Zucchine E Piselli

Serve 4

**Ingredienti:**

- olio d'oliva spray
- cipolla 1 grande, tagliata a dadini
- aglio 1 spicchio, schiacciato
- orzo perlato 200 g
- brodo vegetale 600 ml, caldo
- piselli freschi 150 g
- 2 zucchine, tagliate a striscioline
- cuori di carciofi 6 in salamoia, affettati
- quark 3 cucchiai

**Indicazioni:**

a) Scaldare un filo di oliva in una padella e soffriggere la cipolla fino a renderla morbida. Aggiungere l'aglio per un minuto, quindi aggiungere l'orzo. Mescolare con la cipolla e versare sopra il brodo caldo.

b) Coprire e cuocere a fuoco lento per 40 minuti, o fino a quando l'orzo è tenero.

c) Mescolare bene i piselli, le zucchine e i carciofi con tanto condimento e cuocere a fuoco lento per altri 5 minuti fino a quando i piselli saranno cotti.

d) Togliere dal fuoco, unire il quark e servire.

# 61. Risotto porri e parmigiano

Serve 2

Ingredienti:

- burro 25 g
- olio d'oliva 1 cucchiaio
- cipollotti 4, tritati
- porri 2, mondati e tritati finemente
- aglio 2 spicchi, affettati
- riso arborio 150 g
- vino bianco un bicchiere
- brodo vegetale o di pollo 750 ml
- parmigiano (o alternativa vegetariana) 25g, grattugiato finemente (noi abbiamo usato Parmigiano Reggiano)

Indicazioni:

a) Portare a ebollizione il brodo. Scaldare una padella larga e larga e aggiungere metà del burro e l'olio d'oliva. Aggiungere i cipollotti, i porri e l'aglio e cuocere per 5 minuti finché non si ammorbidiscono.

b) Aggiungere il riso e mescolare per ricoprire, quindi sfumare con il vino e fare bollire fino a quando non si sarà ridotto.

Aggiungere il brodo un po' alla volta, mescolando fino a quando il riso è tenero con un morso un po' e trasudare.

c) Unire il parmigiano e il resto del burro e condire.

## 62. Risotto al cavolo cappuccio

Resa: 3 porzioni

## ingredienti

- 4 cucchiai di olio d'oliva
- ⅓ tazza Cipolla, tritata
- 1 tazza di riso Arborio
- 2¾ tazza di brodo vegetale
- 1 tazza di cavolo verde, tagliuzzato
- ¼ tazza di prezzemolo italiano, tritato
- Sale e pepe, a piacere

## Indicazioni:

a) Scaldare l'olio in una casseruola capiente fino a quando non sarà ben caldo. Aggiungere la cipolla, mescolare per ricoprire e far rosolare per qualche minuto finché non sarà morbida, ma non dorata. Aggiungere il riso, mescolare per ricoprire e cuocere per 1 minuto.

b) Aggiungere il brodo e portare a bollore, mescolando spesso. Lasciare che il brodo arrivi a ebollizione, abbassare la fiamma e cuocere a fuoco lento, parzialmente coperto per 10 minuti.

c) Aggiungere cavolo cappuccio, prezzemolo, sale e pepe. Mescolare bene e continuare a cuocere a fuoco lento, mescolando di tanto in tanto fino a quando il riso è cotto e cremoso e tutto il bastoncino è stato assorbito.

d) Servire subito.

## 63. Risotto ai gamberi con capesante

Serve 4

Ingredienti:

- burro 100 g, più una noce
- scalogno 2, tritato finemente
- risotto 450 g
- brodo di pesce o di pollo leggero 750 ml-1 litro, caldo
- gamberi crudi sgusciati 350-400 g
- limone 1, sbucciato e spremuto
- mascarpone 3 cucchiai
- capesante 12, uova di arancia e muscoli laterali rimossi
- erba cipollina 1 mazzetto, tritata finemente
- basilico ½ mazzetto, tritato

Indicazioni:

a) Sciogliere il burro in una padella capiente e dal fondo spesso e cuocere lo scalogno dolcemente finché non diventa morbido ma non colorato. Aggiungere il riso e mescolare fino a quando i chicchi sono ben ricoperti di burro.

b) Aggiungere gradualmente il brodo caldo, circa 200 ml alla volta, mescolando bene ogni aggiunta, fino a quando il riso è appena tenero, ci vorranno circa 20 minuti. La quantità di brodo necessaria dipenderà dal tipo di riso utilizzato.

c) Aggiungere i gamberi quando il riso è cotto ma ancora al dente, quindi condire e aggiungere la scorza e il succo del limone. Girate i gamberi in modo che cuociano da entrambi i lati e quando saranno cotti aggiungete il mascarpone e incorporatelo.

d) Lasciare riposare il risotto per 5 minuti mentre si friggono le capesante un minuto per lato in una noce di burro in una padella. Uniteli al risotto e spolverizzate con erba cipollina e basilico tritati.

# 64. Risotto al granchio con spinaci e piselli

Serve 4-6

Ingredienti:

- olio d'oliva per friggere
- cipolla 1, affettata sottilmente
- cipollotti un mazzetto, affettati fini
- riso arborio 350 g
- aglio 2 spicchi, schiacciati
- vino bianco 170 ml
- brodo di pollo 1,1 litri
- petits pois surgelati 150 g
- parmigiano 70 g, grattugiato, più extra per servire
- $\frac{1}{2}$ limone, spremuto, più spicchi per servire
- doppia panna 2 cucchiai

Salsa verde

- spinaci 200 g
- surgelati petits pois 150 g, scongelati
- olio extravergine di oliva 60ml

Salsa di granchio

- ½ cipolla rossa, tritata finemente
- polpa di granchio bianca 200 g
- peperoncino rosso 1, privato dei semi e tritato finemente
- prezzemolo a foglia piatta una manciata, tritato
- ½ limone, spremuto

**Indicazioni:**

a) Scaldare l'olio in una casseruola capiente o in una padella profonda e soffriggere a fuoco lento la cipolla e i cipollotti per 5 minuti fino a quando non si ammorbidiscono.

b) Alzate la fiamma a fuoco medio, aggiungete il riso e l'aglio e fate soffriggere per 1 minuto fino a quando il riso non sarà ricoperto di olio e diventerà traslucido.

c) Sfumate con il vino, sempre mescolando, e fatelo sfumare quasi del tutto. Abbassare il fuoco a medio-basso e aggiungere lentamente il brodo, un mestolo alla volta, mescolando regolarmente, aggiungendo altro solo quando l'ultimo mestolo sarà assorbito. La stagione.

d) Per la salsa verde, mettere gli spinaci, i piselli, l'olio d'oliva e 100 ml di acqua in un frullatore o robot da cucina. Frullare fino a ottenere una salsa omogenea.

e) Quando avrete aggiunto tutto il brodo e il riso è quasi cotto (ci vorranno circa 25-30 minuti), aggiungete la salsa verde.

Continuate a mescolare il risotto per altri 10 minuti, poi aggiungete i piselli, il parmigiano, il limone e la panna.

f) Salate e fate sobbollire per 5 minuti fino a quando i piselli saranno cotti e il riso sarà tenero.

g) Mescolare insieme tutta la salsa di granchio Ingredienti.

h) Per servire, versare il risotto nelle ciotole e condire con salsa di granchio e un filo di olio d'oliva. Servire con spicchi di limone e parmigiano.

## 65. Risotto al salmone affumicato a caldo

Serve 2

**Ingredienti:**

- Burro
- cipolla 1, tritata finemente
- risotto 150 g
- Bicchiere da vino bianco da 125ml circa
- brodo vegetale 1 litro riscaldato e facendo sobbollire
- limone 1, spremuto e sbucciato
- aneto una manciata, tritato
- filetti di salmone affumicati a caldo 150 g, a scaglie

**Indicazioni:**

a) Sciogliere una noce di burro in una padella larga e poco profonda.

b) Cuocere le cipolle fino a renderle morbide, quindi aggiungere il riso e mescolare per ricoprire. bagnare con il vino e fare bollire fino a completo assorbimento, quindi aggiungere gradualmente il brodo mescolando fino a quando il riso è appena tenero.

c) Aggiungere il limone, unire il salmone e l'aneto e servire.

## 66. Risotto al granchio al burro

Serve 2

**Ingredienti:**

- scalogno 2 lunghi o 4 tondi, tagliati a dadini
- burro salato 25 g, più un paio di noci
- risotto 150 g
- polpa di granchio marrone o bianca pentola mista da 100 g
- vino bianco secco 175ml
- brodo di pesce 550 ml, caldo
- parmigiano grattugiato 1 cucchiaio
- pepe bianco o macinato di macis o noce moscata un pizzico di ciascuno
- poca erba cipollina, tagliata per servire

**Indicazioni:**

a) Ammorbidire delicatamente lo scalogno in un paio di noci di burro in una padella. Quando saranno morbide ma non colorate, mantecate per un minuto con il riso, seguito solo dalla polpa di granchio marrone. Sfumate con il vino e fate sobbollire finché non sarà quasi evaporato.

b) Un mestolo alla volta, aggiungere la maggior parte del brodo di pesce (lasciare un paio di cucchiai), mescolando dopo ogni aggiunta fino a quando il brodo è quasi assorbito.

c) Quando il riso sarà tenero e cremoso, togliere dal fuoco, mantecare con il parmigiano e coprire con un coperchio o un vassoio per tenerlo al caldo.

d) Sciogliere 25 g di burro in una piccola padella. Quando sarà completamente sciolto, alzate un po' la fiamma continuando a mescolare fino a quando il burro non sarà dorato e nocciola.

e) Unire la polpa di granchio bianca per farla scaldare dolcemente.

f) Scoprire il risotto e farlo mantecare – se in piedi si è addensato unire l'ultimo mestolo di brodo – e condire con un pizzico di macis macinato, noce moscata, pepe bianco e sale.

g) Adagiarvi sopra la polpa di granchio bianca e il burro rosolato. Cospargere di erba cipollina per servire.

# 67. Risotto alle cozze

Serve 4

**Ingredienti:**

- 1,2 kg (2 libbre) di cozze fresche e vive, strofinate e pulite accuratamente
- 6 cucchiai di olio extravergine di oliva
- 2 spicchi d'aglio, sbucciati e tritati finemente
- 600 g di pomodori maturi e zuccherati,
- 350 g (12oz) preferibilmente di riso Arborio
- 1,2 litri (2 pinte) di brodo di pesce
- una manciata di prezzemolo fresco a foglia piatta
- sale marino e pepe nero appena macinato
- 25 g (1 oz) di burro non salato

**Indicazioni:**

a) Mettere tutte le cozze pulite in una padella ampia e poco profonda. Mettere un coperchio sulla padella e mettere la padella a fuoco medio-alto.

b) Scuotere la padella sul fuoco, facendo aprire tutte le cozze.

c) Dopo circa 8 minuti, tutti quelli che stanno per aprire saranno aperti. Scolare le cozze appena si aprono.

d) Togliere le cozze dai gusci e scartare tutti tranne i gusci più belli, che si possono conservare per la decorazione.

e) Filtrate il liquido delle cozze con un colino molto fine e tenete da parte. Scarta tutti i gusci non aperti e i gusci vuoti che non desideri.

f) Quindi soffriggere l'aglio e l'olio insieme fino a quando l'aglio è biondo, quindi aggiungere tutto il riso.

g) Mescolare bene fino a quando il riso non sarà ben caldo e ben ricoperto di olio e aglio. Aggiungere ora il liquido delle cozze e dei pomodori.

h) Mescolate finché il riso non avrà assorbito il liquido, poi iniziate ad aggiungere gradualmente il brodo di pesce caldo.

i) Mescolare continuamente e aggiungere altro brodo solo quando la quantità precedente è stata assorbita dal riso.

j) Continuate così fino a quando il riso non sarà cotto per tre quarti, quindi aggiungete le cozze cotte e il prezzemolo.

k) Aggiustate di sale e pepe e riprendete ad aggiungere il brodo, mescolando e aggiungendo altro brodo una volta che il riso avrà assorbito il brodo precedente.

l) Quando il riso è cremoso e vellutato, ma i chicchi sono ancora sodi al centro, togliere il risotto dal fuoco e mantecare con il burro.

m) Coprite e lasciate riposare per 2 minuti, poi trasferite su un piatto caldo, decorate con i gusci conservati e servite subito.

## 68. Risotto ai crostacei

Resa: 4 porzioni

Ingrediente

- 1 chilogrammo Cozze; puliti
- 200 ml Vino bianco secco
- 600 ml Brodo di pesce
- 3 cucchiai di olio extravergine di oliva
- 750 grammi Burro non salato freddo; tagliato a dadini
- 1 cipolla
- 2 spicchi d'aglio; tritato
- 1 2 1/2 cm torta di radice fresca di zenzero, grattugiata
- 1 peperoncino rosso; privato dei semi e tritato finemente
- 350 grammi di riso Arborio o altro riso
- 1 pizzico di stami di zafferano; imbevuto in 1 cucchiaio di acqua tiepida
- 225 grammi di calamari; pulito e affettato
- 225 grammi Gamberi tigre sgusciati crudi
- 2 pomodorini datterino; senza semi e tagliati a dadini

- 2 cucchiai Basilico fresco tritato e prezzemolo a foglia piatta
- Sale e pepe nero appena macinato

**Indicazioni:**

a) Mettere le cozze in una padella con 50 ml di vino. Coprite bene e cuocete a fuoco vivo per qualche minuto, agitando di tanto in tanto, fino a quando non si saranno aperte - scartate quelle che non si aprono. Filtrare con un colino. Togliere la carne dalle cozze e mettere da parte.

b) Mettere il brodo in una padella e versare il liquore di cottura, lasciando dietro di sé tutta la grana: in totale dovrebbero essere 300 ml/mezza pinta. Portare a ebollizione dolce.

c) Scaldare due cucchiai di olio e 25 g di burro in una padella.

d) Aggiungere la cipolla, l'aglio, lo zenzero e il peperoncino e cuocere per circa 5 minuti fino a quando non si saranno ammorbiditi ma non dorati.

e) Incorporate il riso e fate cuocere per qualche minuto fino a quando non risulterà nocciolato e profumato. Aggiungere il vino rimanente e lasciare sfumare, mescolando. Aggiungere un mestolo di brodo e cuocere dolcemente, mescolando, fino a completo assorbimento.

f) Continuare ad aggiungere il brodo in questo modo, aggiungendo il composto allo zafferano dopo circa 10 minuti - l'intero processo richiede 20-25 minuti fino a quando il riso è tenero ma 'al dente'.

g) Scaldare il restante cucchiaio di olio in un wok. Aggiungere i calamari e i gamberi e saltare in padella per 1-2 minuti, quindi aggiungere i pomodori, le erbe aromatiche e la carne di cozze messa da parte, mescolare e togliere dal fuoco.

h) Circa 2 minuti prima della cottura del risotto incorporare il composto di crostacei e poi incorporare il burro rimasto, mescolando fino ad emulsionare. Servire subito.

## 69. Risotto ai gamberi alla cajun

Resa: 4 porzioni

**ingredienti**

- 29 once Brodo di pollo; 2 lattine
- 1 libbra di gamberi medi; sgusciato e sverminato
- 1 cucchiaino di sale; diviso
- 2 cucchiai di olio d'oliva; diviso
- 10 once di pomodori con peperoncini verdi; in scatola (riserva il succo)
- 2 tazze di riso Arborio

**Indicazioni:**

a) Portare il brodo e $2\frac{3}{4}$ tazze di acqua a ebollizione in una casseruola capiente.

b) Scaldare 1 cucchiaio di olio nel forno olandese a fuoco alto per 3 minuti. Aggiungere i gamberi, distribuire uniformemente in padella. Cuocere 2 minuti, girando una volta, fino a doratura.

c) Aggiungere il pomodoro, i peperoncini verdi e il succo, far bollire da 1 a 2 minuti; trasferire il composto di gamberi nella ciotola.

d) Ridurre il fuoco a medio-alto. Aggiungere il cucchiaio di olio rimanente nella pentola. Aggiungere il riso e cuocere per 1 minuto, mescolando fino a quando i chicchi non luccicano. Mescolare in 1 tazza di miscela di brodo e cuocere, mescolando fino a quando il liquido non sarà appena assorbito.

e) Aggiungere gradualmente la miscela di brodo rimanente al riso, $\frac{1}{2}$ tazza alla volta, mescolando continuamente fino a quando il liquido non viene assorbito, da 20 a 25 minuti in più. Unire il composto di gamberi e il restante $\frac{1}{2}$ cucchiaino di sale.

f) Servire subito.

# 70. Torta di granchio e risotto alle cipolle verdi

Resa: 4 porzioni

**ingredienti**

- 300 millilitri Filetto di merlano
- 2 uova
- Sale e pepe bianco macinato
- 1 peperoncino rosso; senza semi e finemente
- ; tritato
- ½ cucchiaino di coriandolo macinato
- ½ cucchiaino di zenzero macinato
- Un po' di scorza di lime finemente grattugiata
- 1 scalogno; tritato
- 85 millilitri Doppia crema
- 100 grammi di polpa di granchio bianco
- Farina normale e pangrattato secco per
- ; Rivestimento
- 1 cucchiaio di olio d'oliva
- 2 scalogni; tritato

- 1 spicchio d'aglio; tritato
- ½ cucchiaino di timo fresco; tritato
- 200 grammi Risotto riso
- 400 ml Brodo vegetale caldo
- 2 cucchiai Doppia panna
- 100 grammi di mascarpone
- 4 cipollotti; tritato
- 75 grammi di parmigiano; grattugiato
- 200 grammi di pomodorini; spellato, seminato
- 3 scalogni; tritato
- 1 peperoncino rosso; seminato
- 1 spicchio d'aglio; schiacciato
- 4 cucchiaini di vinaigrette alla senape
- Olio vegetale per friggere
- 4 cucchiai di olio al peperoncino
- rametti di cerfoglio; per guarnire

**Indicazioni:**

a) Per le frittelle di granchio, frullare il montone con 1 uovo fino a ottenere un composto liscio. Aggiungere sale, pepe, peperoncino, coriandolo, zenzero, scorza di lime e scalogno, quindi incorporare la panna e la polpa di granchio.

b) Dividere in quattro e formare dei tondi. Raffreddare fino a quando non si rassoda.

c) Passare nella farina, spennellare con l'uovo rimasto, sbattuto e ricoprire nel pangrattato. Ricoprire di nuovo con farina, uova e briciole, quindi raffreddare le torte di granchio fino al momento della cottura.

d) Per il risotto, scaldare l'olio in una padella e soffriggere lo scalogno, l'aglio e il timo fino a quando non saranno morbidi. Aggiungere il riso e cuocere per 2-3 minuti, quindi versare il brodo caldo.

e) Cuocere a fuoco lento per 10-15 minuti, mescolando spesso, fino a quando il riso è tenero ma ha ancora un morso.

f) Al momento di servire, incorporare la panna e scaldare. Aggiungere il mascarpone, il cipollotto e il parmigiano e controllare il condimento.

g) Per la salsa, unire tutti gli ingredienti e far raffreddare.

h) Per servire, friggere le frittelle di granchio in olio bollente fino a doratura. Scolare su carta da cucina. Versare il risotto caldo al centro di quattro piatti da portata e adagiare sopra ciascuno una torta di granchi. Versare un po' di salsa su ogni torta di granchio e spruzzare l'olio al peperoncino attorno al risotto. Guarnire con rametti di cerfoglio.

## 71. Risotto al salmone

Serve 4

**Ingredienti:**

- Filetto di salmone da 400 g (14 once).
- 1 foglia di alloro
- sale marino 400 g (14 once)
- 5 grani di pepe nero
- 1 bicchiere di vino bianco secco
- 2 cucchiai di prezzemolo fresco tritato
- una manciata di prezzemolo
- scorza di un limone molto piccolo
- 75 g (3 once) di burro non salato
- 4 fette di salmone affumicato, tagliate a listarelle

**Indicazioni:**

a) Lavate e controllate il pesce, eliminando le lische visibili.

b) Mettere la foglia di alloro, il sale, i grani di pepe, la scorza di limone e il prezzemolo in una casseruola abbastanza grande da contenere il pesce e coprire con acqua.

c) Cuocere a fuoco lento per circa 20 minuti, quindi immergere il salmone nell'acqua. Cuocere per circa 10 minuti, quindi coprire e togliere dal fuoco.

d) Lasciare riposare il salmone fino a cottura nell'acqua calda aromatizzata.

e) Eliminare con cura il pesce, la pelle e il filetto, quindi tagliarli a pezzetti.

f) Filtrare e riservare il brodo. Mantieni il brodo a bollore.

g) Friggere metà del burro e l'olio con lo scalogno fino a quando non si ammorbidisce, in una padella profonda e dal fondo spesso.

h) Unite il riso e fate tostare bene i chicchi, poi sfumate con il vino.

i) Cuocete per 2 o 3 minuti per far evaporare l'alcool, quindi iniziate ad aggiungere il brodo di salmone caldo, mescolando continuamente e facendo sempre assorbire il liquido prima di aggiungerne altro.

j) Cinque minuti prima che il riso sia cotto, aggiungete i filetti di pesce cotti, rompendone alcuni man mano che li mantecate.

k) Quando il riso sarà tenero, togliere la casseruola dal fuoco e mantecare con il burro.

l) Coprite con un coperchio e lasciate riposare per 2 minuti, quindi trasferite su un piatto da portata. Cospargete con il prezzemolo tritato, la scorza di limone e le striscioline di salmone affumicato per servire.

## 72. Risotto ai gamberi

Resa: 4 porzioni

ingredienti

- 1½ tazza di carne di gamberi (o astice come sostituto)
- 1 tazza di riso lungo (a chicco lungo)
- 4 once di pancetta
- 1½ tazza di salsa bianca
- 18 ostriche, perline
- ½ cucchiaino di sale
- 2 cucchiai di sherry secco
- ½ tazza di pomodori, dimezzati
- 3 limoni, affettati
- Prezzemolo

**Indicazioni:**

a) Tagliate la pancetta e fatela rosolare. Tenere in caldo in forno 2. Utilizzare un po' di grasso di pancetta per friggere il riso.

b) Mescolare il riso mentre sta friggendo e friggere fino a doratura.

c) Aggiungere quattro tazze di acqua bollente e il sale e cuocere il riso finché non è tenero. Scolare l'acqua e tenere il riso caldo in forno.

d) Fare una salsa bianca e aggiungere lo sherry. Quindi unire i gamberi e le ostriche e aggiungere sale e pepe a piacere.

e) Servire su un piatto ampio con i gamberi al centro e le fette di pomodoro e limone intervallate da prezzemolo attorno al bordo.

# 73. Risotto di pesce al rosmarino alla griglia

Resa: 1 porzione

## ingredienti

- 3 cucchiai di olio d'oliva
- 2 cucchiai di succo di limone
- 2 cucchiai di rosmarino fresco tritato
- Sale e pepe a piacere
- 4 grossi filetti John Dory o pesce dalla carne soda

## risotto

- 1 litro di brodo di pollo, pesce o vegetale
- 2 cucchiai di burro o olio
- 1 cipolla piccola, tritata finemente
- 1 spicchio d'aglio, schiacciato
- 1 tazza di riso arborio
- 100 ml di succo di vino bianco
- Scorza di 1 limone
- 100 g di parmigiano grattugiato finemente
- sale e pepe nero appena macinato

**Indicazioni:**

a) Mescolare l'olio, il succo di limone, il rosmarino e il sale e il pepe. Mettere i filetti di pesce in questa miscela e tenere da parte fino al momento del bisogno. Per cuocere, mettete sotto una griglia riscaldata per 3-4 minuti per lato.

b) Mettere il brodo in una padella e portare a bollore dolce. Scaldare l'olio in una padella larga e pesante e aggiungere la cipolla e l'aglio, facendo cuocere con cura fino a quando non si ammorbidiscono. Aggiungere il riso e mescolare bene per ricoprire con l'olio o il burro.

c) Sfumate con il vino e cuocete fino a completo assorbimento, quindi versate un po' di brodo. Mescolate continuamente e continuate ad aggiungere il brodo man mano che viene assorbito dal riso.

d) Dopo circa 25 minuti il risotto dovrebbe aver assorbito gran parte del brodo e risultare cotto e cremoso.

e) Aggiungere il succo di limone e la scorza del parmigiano, sale e pepe.

f) Assaggiate per il giusto condimento e servite subito con il pesce grigliato.

## 74. Risotto alle triglie

Resa: 4 porzioni

**ingredienti**

- 4 Filetti rifilati di cefalo
- 55 grammi Riso Canaroli
- 30 grammi di burro
- 1 scalogno piccolo; tritato
- 1 cucchiaio da dessert di rosmarino tritato sbollentato
- 290 millilitri di acqua o brodo
- 1 noce moscata; grattugiato
- 290 ml di brodo di pesce
- 1 scalogno piccolo; tritato grossolanamente
- 110 grammi di burro non salato

**Indicazioni:**

g) Mescolare l'olio, il succo di limone, il rosmarino e il sale e il pepe. Mettere i filetti di pesce in questa miscela e tenere da parte fino al momento del bisogno. Per cuocere, mettete sotto una griglia riscaldata per 3-4 minuti per lato.

a) Fate appassire lo scalogno nel burro per un paio di minuti, aggiungete il riso, condite e cuocete fino a quando non inizia a emanare un aroma di nocciola. Aggiungere il brodo poco alla volta aspettando che ogni aggiunta sia stata assorbita fino a quando non se ne aggiunge altro.

b) Quando tutto il brodo sarà finito, togliete il riso dal fuoco e mantecate con il rosmarino.

c) Far appassire lo scalogno e la noce moscata in circa mezzo grammo di burro.

d) Aggiungere il brodo di pesce e ridurre fino a quando ne rimane un terzo, tagliare a cubetti il burro rimasto e mantecare gradualmente nella salsa bollente, controllare il condimento e scolare.

e) Rosolare la carne del pesce in una padella calda e poi cuocerla con la pelle rivolta verso l'alto sotto una griglia abbastanza calda. Ci vorranno 5-8 minuti.

f) Per servire mettere un po' di risotto al centro del piatto, sopra il pesce e condire con la salsa.

## 75. Risotto all'aragosta al curry

Resa: 1 porzione

## ingredienti

- 2 libbre di astice cotta, disossata
- 1½ cucchiaino di olio di arachidi
- 4 scalogni piccoli; tagliato a dadini
- 2 cipolle spagnole medie; tagliato a dadini
- ½ carota; tagliato a dadini
- 1 gambo di sedano; tagliato a dadini
- 1 cucchiaino di radice di zenzero fresca; tagliato a dadini
- 2 spicchi d'aglio; tritato
- 2 cucchiaini di curry in polvere; Indiano occidentale
- 1 tazza di Riso Arborio, Stile Italiano
- 3 Pomodori Roma; buccia/seminato
- 8 tazze di brodo di pollo o aragosta
- ½ cucchiaio di coriandolo tritato
- 1 cucchiaio di basilico tailandese o normale
- 2 cucchiai di parmigiano

- 1½ cucchiaio di burro non salato
- ½ tazza di papaia; a cubetti
- ½ tazza di mango; a cubetti
- ½ banana; affettato
- Sale, a piacere

**Indicazioni:**

h) Mescolare l'olio, il succo di limone, il rosmarino e il sale e il pepe. Mettere i filetti di pesce in questa miscela e tenere da parte fino al momento del bisogno. Per cuocere, mettete sotto una griglia riscaldata per 3-4 minuti per lato.

a) Scaldare l'olio di arachidi e soffriggere scalogno, cipolla, carota, sedano, zenzero, aglio, curry e riso fino a quando le verdure non saranno morbide. Aggiungere i pomodori e metà del brodo.

b) Portare ad ebollizione. Abbassare la fiamma a fuoco lento, senza coperchio, mescolando di tanto in tanto. Ridurre fino a quando il brodo è quasi esaurito. Aggiungere il brodo rimanente e ripetere il processo fino a quando il riso è al dente e il brodo è evaporato. Aggiungere gli ingredienti rimanenti. Mescolare bene a fuoco alto.

c) Aggiustate di sale, a piacere, e aggiungete la carne di astice. Mescolate e servite subito.

# 76. Risotto con polpa di granchio

Resa: 6 porzioni

## ingredienti

- 3 cucchiai di burro
- 1 Cipolla piccola, tritata
- 1½ tazza di riso Arborio
- 5 tazze di brodo di pollo
- ½ tazza di panna da montare
- 3½ once di formaggio di capra fresco
- 8 once di polpa di granchio
- ⅓ tazza di basilico fresco tritato

## Indicazioni:

a) Mescolare l'olio, il succo di limone, il rosmarino e il sale e il pepe.

b) Mettere i filetti di pesce in questa miscela e tenere da parte fino al momento del bisogno. Per cuocere, mettete sotto una griglia riscaldata per 3-4 minuti per lato.

c) Sciogliere il burro in una casseruola capiente a fuoco medio. Aggiungere la cipolla tritata e soffriggere fino a quando non diventa traslucida, circa 3 minuti.

d) Aggiungere il riso e far rosolare 1 minuto. Aggiungere 1 tazza di brodo di pollo al riso, abbassare la fiamma e far sobbollire finché il liquido non viene assorbito, mescolando spesso.

e) Continua ad aggiungere abbastanza brodo di pollo rimanente 1 tazza alla volta fino a quando il riso è appena tenero ma ancora sodo da mordere, mescolando spesso e lasciando che ogni aggiunta venga assorbita prima di aggiungerla successiva, circa 20 minuti. Aggiungere la panna e far sobbollire 2 minuti.

f) Unire il formaggio di capra, poi la polpa di granchio e il basilico tritato. Condire il risotto a piacere con sale e pepe.

## 77. Risotto ai gamberi

Resa: 4 porzioni

**Ingredienti:**

- 550 grammi Gamberi crudi di testa
- 1¼ litro di brodo vegetale o di pollo
- 85 grammi Burro non salato
- 2 scalogni; tritato
- 2 spicchi d'aglio; tritato
- 300 grammi Risotto riso
- 1 rametto di rosmarino piccolo; 4 cm di lunghezza
- 1 foglia di alloro
- 250 grammi Pomodori maturi, tritati
- 1 bicchiere di vino bianco secco generoso
- 2 cucchiai Prezzemolo tritato
- 3 cucchiai Cicely dolce tritata
- 30 grammi di parmigiano; grattugiato fresco
- Sale e pepe

**Indicazioni:**

a) Sbucciare i gamberi, mantenendo la polpa. Scaldare 15 g di burro in una padella abbastanza grande per il brodo con spazio libero.

b) Quando saranno spumose, aggiungete i gusci e le teste dei gamberi e mescolate finché non diventano di un bel rosa mollusco. Aggiungere il brodo e 600 ml di acqua e far bollire. Fate sobbollire per 30 minuti per far uscire il sapore dei gamberi e filtrate.

c) Per i gamberi: se riesci a vedere una linea nera che corre lungo la schiena, fai una fessura con la punta di un coltello affilato lungo la schiena e rimuovi il budello nero fine appena sotto la superficie. Se sono tigre, re o un tipo di gambero grande, dividere a metà o un terzo ciascuno.

d) Far bollire di nuovo il brodo se necessario e ridurre il fuoco a un filo in modo che rimanga caldo e non bollisca. Sciogliere 45 g/1 1/2 oz di burro rimanente in una padella larga.

e) Friggere lo scalogno e l'aglio molto dolcemente nel burro fino a renderli traslucidi, senza farli dorare. Aggiungere il rosmarino, il riso e la foglia di alloro nella padella e mescolare per circa un minuto fino a quando il riso diventa traslucido.

f) Aggiungere i pomodori, il prezzemolo e il vino. Condite con sale e abbondante pepe e portate a bollore. Mescolate continuamente il composto di riso fino a quando tutto il liquido non sarà stato assorbito. Aggiungere un mestolo abbondante di brodo e mescolare fino a quando anche tutto questo sarà stato assorbito.

g) Ripetere l'operazione fino a quando il riso è tenero ma con una leggera consistenza, anche se sicuramente non gessoso. La consistenza dovrebbe essere al limite del brodo, poiché mancano ancora un paio di minuti.

h) Il tempo necessario per l'assorbimento del liquido e la cottura del riso dovrebbe essere di circa 20-25 minuti.

i) Infine unire i gamberi e il cicely dolce e cuocere, mescolando per altri 2-3 minuti, finché i gamberi non saranno diventati rosa. Unire il burro rimasto e il parmigiano, assaggiare e aggiustare di condimento, quindi servire.

## 78. Risotto ai calamari

Resa: 1 porzione

**Ingredienti:**

- 1 ½ libbra di calamari con tentacoli
- 4 cucchiai di olio d'oliva
- 1 cipolla grande; tritato
- 1 ogni Pimento; tritato
- 1 pomodoro ciascuno; pelato, tritato
- 2 spicchio d'aglio; tritato
- 1 cucchiaio di prezzemolo tritato
- Sale kosher; assaggiare
- Pepe; assaggiare
- 1 pizzico di fili di zafferano
- ½ ciascuno Peperoncino, privato della mondatura; sbriciolato
- ¼ bicchiere di vino rosso secco
- 2 tazze di riso a grana corta
- 3 tazze di brodo di pesce o succo di frutta, scaldato a bollore

- 1 ogni Pimiento, tagliato a listarelle

**Salsa all'aglio**

- 3 spicchi d'aglio, schiacciati
- ½ tazza di olio d'oliva

**Indicazioni:**

a) Pulite i calamari, conservando le loro sacche di inchiostro e i tentacoli. Tagliate i calamari ad anelli larghi ½ pollice oa pezzi. Tritare i tentacoli.

b) In una casseruola larga e poco profonda, preferibilmente di terracotta e di circa 12 pollici di diametro, scaldare l'olio e soffriggere la cipolla finché non sarà appassita.

c) Aggiungere gli anelli di calamari e i tentacoli e far rosolare per 5 minuti; quindi aggiungere il peperoncino tritato, il pomodoro, l'aglio, il prezzemolo, il sale, il pepe, lo zafferano e il peperoncino.

d) Coprire e cuocere a fuoco lento per 30 minuti. Rompete le sacche d'inchiostro in una tazza e mescolate con il vino. Passare questa miscela attraverso un setaccio più volte fino a quando la maggior parte dell'inchiostro viene estratta. Riserva.

e) Aggiungere il riso e il brodo bollente nella casseruola e incorporare la miscela di inchiostro. Condire con sale e pepe. Portare a bollore e cuocere a fuoco medio-alto, senza coperchio, e mescolando di tanto in tanto, per 10 minuti, o fino a quando il riso non è più brodo ma rimane del liquido.

f) Decorare con le strisce di pimiento e trasferire in forno a 325 gradi. Cuocere per 15 minuti, senza coperchio, fino a quando il liquido non sarà assorbito ma il riso non è del tutto cotto. Sfornare, coprire leggermente con un foglio di alluminio e lasciare riposare per 10 minuti.

g) Mentre il riso riposa, preparate la salsa all'aglio. Metti l'aglio schiacciato in un robot da cucina o in un frullatore. Molto gradualmente, con il motore acceso, versate l'olio. Frullare fino a che liscio. Servire separatamente.

## 79. Risotto di rana pescatrice allo zafferano

Resa: 1 porzione

**Ingredienti:**

- 6 piccoli Riempire la coda di rospo
- Riso
- 1 bustina di zafferano
- 2 cucchiai di burro
- 1 dado di pesce
- olio marinato; o olio d'oliva per friggere
- Sale marino; una spolverata
- Pepe; una spolverata

**Indicazioni:**

a) Lessare il riso secondo le istruzioni sulla confezione, aggiungere il brodo di pesce e lo zafferano.

b) Aggiungere il burro quando è pronto.

c) Disponete i pezzi di pesce su una piastra e cuoceteli su entrambi i lati per circa 10 minuti.

d) Cospargere di sale marino e pepe sul pesce e spruzzare un po' di olio marinato, o solo olio d'oliva.

e) Mescolare il riso e il pesce per fare un risotto.

## 80. Risotto alla marinara

Resa: 1 porzione

**Ingredienti:**

- 1 cucchiaio di olio d'oliva
- 2 spicchi d'aglio; tritato
- 200 grammi Calamari; lavato
- 200 grammi Gamberi verdi crudi; teste e gusci rimossi
- 1 200 grammi di filetto di salmone atlantico; tagliato a dadini
- ½ tazza di prezzemolo tritato
- 1 cucchiaio di olio d'oliva
- 10 cipollotti; tritato
- 400 grammi di riso Ferron
- 300 ml Vino bianco secco
- 800 millilitri Brodo di pesce ricco; sobbollire
- 4 pomodori Roma; tritato
- 1 cucchiaio di panna acida
- 2 cucchiai di parmigiano grattugiato

- ½ tazza di prezzemolo tritato finemente

**Indicazioni:**

a) Scaldare l'olio d'oliva e soffriggere delicatamente l'aglio.

b) Aggiungere i frutti di mare preparati e cuocere brevemente fino a quando il pesce ei crostacei saranno opachi, aggiungendo all'ultimo momento il prezzemolo. Togliere dal fuoco e mettere da parte.

c) Scaldare il restante cucchiaio di olio d'oliva e soffriggere i cipollotti. Aggiungere il riso, mescolando per ricoprire.

d) Sfumare con il vino bianco e farlo assorbire, quindi aggiungere la prima aggiunta di brodo di pesce insieme ai pomodorini tagliati finemente.

e) Continuare la cottura, aggiungendo ulteriore brodo man mano che il precedente viene assorbito.

f) Quando è rimasta solo una piccola quantità di brodo, aggiungere il composto di pesce cotto e tutti i suoi succhi con l'ultima aggiunta di brodo e continuare a cuocere a fuoco lento per circa 2 minuti, o finché la maggior parte del liquido non sarà assorbito.

g) Aggiungere la panna acida, il formaggio e il prezzemolo, mescolare bene per incorporare e servire immediatamente.

## 81. Risotto agli scampi

Resa: 6 porzioni

## Ingredienti:

- ½ libbra di gamberetti -- sbucciati
- 1 spicchio d'aglio -- tritato
- 3 cucchiai di succo di limone
- 1 cucchiaio di prezzemolo -- tritato finemente
- 3 cucchiai di burro
- 1 spicchio d'aglio -- tritato
- 1 cipolla piccola -- tritata finemente
- 1¼ tazza di brodo di pollo
- ½ bicchiere di vino bianco
- 1 tazza di riso Arborio
- ¼ tazza di parmigiano - grattugiato

## Indicazioni:

a) PER PREPARARE I GAMBERI: Sbucciate, private delle vene e tagliate a metà. Condite con succo di limone, aglio e prezzemolo.

b) Mettere in un piatto di vetro e cuocere nel microonde per 3 minuti alla massima potenza. Accantonare.

c) PER PREPARARE IL RISOTTO: In un piatto da portata di vetro, unire il burro, l'aglio e la cipolla. Cuocere alla massima potenza 2-3 minuti. Mescolare il riso per ricoprire. Aggiungere il brodo riscaldato e il vino. Coprire e cuocere a fuoco alto 6 minuti fino a ebollizione.

d) Ridurre da alto a medio e cuocere altri 6 minuti. Unire i gamberi e il loro succo e cuocere per 3 minuti alla massima potenza. Unire il formaggio e lasciare riposare 5 minuti.

## 82. Risotto al mais al formaggio

Resa: 4 porzioni

## Ingredienti:

- 1 cucchiaio di burro
- 1 cipolla, tritata
- 1 tazza di peperone rosso dolce, tritato
- 1 tazza di peperone verde dolce, tritato
- 1 tazza di riso Arborio o a grana corta
- 1½ tazza di acqua calda
- 2 tazze di chicchi di mais
- 1 tazza di latte
- 1 uovo
- 2 cucchiaini di farina per tutti gli usi
- 1¼ cucchiaino di sale
- ¾ cucchiaino di pepe
- 2 tazze di Cheddar Bianco Vecchio, tagliuzzato
- ⅓ tazza Basilico fresco, tritato
- 1 pomodoro, affettato

- 1 cucchiaio di parmigiano, grattugiato fresco

**Indicazioni:**

a) In una casseruola capiente fate sciogliere il burro a fuoco medio; Cuocere la cipolla e i peperoni rossi e verdi, mescolando di tanto in tanto, per 5 minuti. Aggiungere il riso; cuocere, mescolando, per 1 minuto. Aggiungere acqua e mais; portare a ebollizione.

b) Ridurre il calore al minimo; coprire e cuocere per circa 15 minuti o fino a quando il liquido non sarà assorbito.

c) Sbattere insieme latte, uova, farina, sale e pepe; mescolare al composto di riso insieme a Cheddar e basilico. Versare in una teglia quadrata da 8 pollici unta. Disporre le fette di pomodoro sopra; spolverizzate con parmigiano.

d) Cuocere su una teglia in forno 350F 180C per 25-35 minuti o fino a quando il liquido non viene assorbito. Lasciar riposare per 5 minuti.

## 83. Risotto Iotiano

Resa: 6 porzioni

## ingredienti

- 4 cucchiai di burro
- 2½ tazza di cipolle; taglio
- 2½ tazza di riso crudo a grani lunghi
- 1 tazza di vino bianco secco
- 5 tazze di brodo di pollo
- 1½ cucchiaino di sale
- ½ libbra di formaggio svizzero; grattugiare
- 2 cucchiai di burro
- 7 once di funghi possono
- 2 cucchiai Prezzemolo; taglio

## Indicazioni:

a) Sciogliere il burro in una pentola da 4 quarti e soffriggere le cipolle fino a doratura. Aggiungere il riso, mescolando fino a quando non sarà ben ricoperto di burro.

b) Aggiungere il vino bianco e il brodo (che può essere in parte brodo di pollo e in parte acqua) e il sale.

c) Portare a bollore, coprire e cuocere a fuoco lento fino a quando il riso è tenero. Il liquido verrà assorbito, ma il riso non risulterà asciutto e spumoso. Il tempo di cottura da quando il riso inizia a bollire fino a quando non è tenero dovrebbe essere di circa 20 minuti.

d) Aggiungere il formaggio svizzero, mescolando per incorporarlo bene e farlo sciogliere.

e) Togliere la pentola dal fuoco e mettere da parte, coperta. Sciogliere il burro in una casseruola e aggiungere i funghi scolati.

f) Cuoceteli qualche minuto finché non saranno ben caldi. Non farli dorare.

g) Mettere il riso cotto in una ciotola capiente, spolverizzare con il prezzemolo e poi versarvi sopra i funghi. Servire subito.

# 84. Risotto al cous cous con pecorino

Resa: 1 porzione

## ingredienti

- ⅓ tazza di scalogni o cipolle verdi, tritati
- 1 cucchiaio di aglio a scaglie
- 2 tazze di funghi shiitake, tagliati a fette, eliminando i gambi
- 2 cucchiai di olio d'oliva
- 2 tazze di cous cous tipo israeliano (grande)
- ½ bicchiere di vino bianco secco
- 4 tazze di brodo di pollo o vegetale ricco
- 1 cucchiaio di scorza di limone, grattugiata
- ½ tazza di pomodoro maturo sodo, privato dei semi, tagliato a dadini
- ¼ tazza di erba cipollina, tritata
- ½ tazza di pecorino grattugiato fresco
- Funghi Selvatici Freschi, Alla Griglia
- scalogno alla griglia

**Indicazioni:**

a) Soffriggere lo scalogno, l'aglio e lo shiitake in olio d'oliva fino a quando non saranno leggermente colorati. Aggiungere il cous cous e far rosolare ancora per un minuto o due. Aggiungere il vino e 1 tazza di brodo e mescolare di tanto in tanto fino a quando il liquido non viene assorbito.

b) Aggiungere il brodo rimanente e continuare a cuocere e mescolare di tanto in tanto fino a quando il brodo non sarà quasi assorbito (circa 10 minuti). Unire la scorza di limone, i pomodori, l'erba cipollina e il formaggio e servire immediatamente in ciotole calde condite con funghi grigliati e scalogno se lo si utilizza.

## 85. Risotto alla milanese

Resa: 1 porzione

ingredienti

- 1 medio 1% Latte; tritato
- 5 cucchiai di burro
- 3 cucchiai di olio d'oliva
- 2 tazze di riso Arborio
- ¾ bicchiere di vino bianco
- ½ tazza di parmigiano reggiano
- 6 tazze Stock; (fino a 8)
- 1 pizzico di zafferano

Indicazioni:

a) Riscaldare il brodo fino all'ebollizione, quindi ridurre il calore al minimo, in modo che sia appena sotto il bollore per l'intera operazione. Togliere circa ½ C di brodo e aggiungere un pizzico abbastanza grande di zafferano tritato.

b) Nella padella del risotto, sciogliere delicatamente 3 T di burro insieme a 3 T di olio d'oliva. Quindi aggiungere la cipolla, aumentare la fiamma al minimo e soffriggere fino a quando le cipolle sono morbide e appena dorate. Mescolare, sempre più verso la fine, in modo che non brucino. Mentre ciò accade, grattugiare circa ½ C di formaggio.

c) Quando le cipolle sono cotte, aggiungere il riso, alzare il fuoco a medio e mescolare per circa 3 minuti fino a quando il riso appare ingioiellato.

d) Aggiungere il vino e farlo sfrigolare e far evaporare. Iniziare ad aggiungere il brodo, circa una tazza alla volta. Aggiungere, mescolando continuamente, e farlo assorbire, quindi aggiungere un'altra tazza e così via, fino a quando non è al dente.

e) Quando il riso si avvicina al completamento (e diventa cremoso), potresti voler aggiungere il brodo mezza tazza alla volta in modo che non risulti troppo acquoso.

f) Aggiungere il brodo con lo zafferano in circa 20 minuti.

g) Il risotto è cotto quando è cotto ma al dente. Assaggiate costantemente mentre andate a monitorare. Spegni il fuoco. Unire il formaggio e il burro rimasto. Agitare.

h) Regolare di sale. Servire con il vino rimanente.

## 86. Risotto ai tre formaggi

Resa: 8 porzioni

ingredienti

- 1 cucchiaio di olio d'oliva
- 1 tazza di cipolle tritate
- 1 sale; assaggiare
- 1 pepe bianco macinato fresco; assaggiare
- 6 tazze di brodo di pollo
- 2 cucchiaini di aglio tritato
- 1 libbra di riso arborio
- 1 cucchiaio di burro
- $\frac{1}{4}$ di tazza di panna
- $\frac{1}{4}$ tazza di parmigiano reggiano grattugiato
- $\frac{1}{4}$ tazza di formaggio romano grattugiato
- $\frac{1}{4}$ tazza di Asiago grattugiato
- 2 cucchiai di erba cipollina tritata

**Indicazioni:**

a) In una padella ampia, a fuoco medio, aggiungere l'olio d'oliva. Quando l'olio è caldo, aggiungere la cipolla e condire con sale e pepe.

b) Soffriggere per 3 minuti, o finché le cipolle non saranno leggermente morbide. Aggiungere il brodo e l'aglio. Portare il liquido a bollore e ridurre a ebollizione. Cuocere per 6 minuti.

c) Aggiungere il riso e cuocere a fuoco lento per 18 minuti, mescolando continuamente, o fino a quando il composto non sarà cremoso e spumeggiante. Aggiungere il burro, la panna, il formaggio e l'erba cipollina. Condire con sale e pepe. Fate cuocere per 2 minuti e servite subito.

## 87. Risotto Jalapeño con formaggio jack

Resa: 6 porzioni

**ingredienti**

- 6 tazze di brodo di pollo non salato
- $\frac{1}{2}$ tazza di burro non salato
- 1 tazza di cipolla tritata
- 6 peperoni jalapeño medi; semi/macinato
- 1 spicchio d'aglio; tritato
- 1$\frac{1}{2}$ tazza di riso Arborio
- 1 tazza di formaggio Dry Jack

**Indicazioni:**

a) In una casseruola pesante, portare il brodo a bollore a fuoco alto. Togliere dal fuoco e tenere in caldo.

b) In una pentola capiente e pesante, fate sciogliere il burro a fuoco moderatamente basso. Aggiungere la cipolla, il jalapeño e l'aglio e cuocere, mescolando di tanto in tanto, finché non si ammorbidiscono, da 6 a 8 minuti. Aggiungere il riso e mescolare per ricoprire bene con il burro.

c) Mescolare in 1 tazza di brodo caldo e cuocere, mescolando, fino a quando il liquido non viene assorbito, da 10 a 12 minuti.

d) Continuare a cuocere il risotto, aggiungendo brodo caldo, $\frac{1}{2}$ tazza alla volta, e mescolando fino a quando non viene assorbito e i grani sono appena teneri ma ancora sodi da mordere, da 30 a 40 minuti.

e) Grattugiare il formaggio. Mescolare ⅓ tazza di formaggio nel risotto. Coprite e lasciate riposare 3 minuti. Servire nei piatti e passare separatamente il formaggio e il macinapepe rimanenti. Per 6 persone come primo piatto.

## 88. Risotto porri e mascarpone

Resa: 1 porzione

## Ingredienti:

- 3½ pinte di brodo vegetale o di pollo
- 3 once di burro non salato
- 4 porri; affettato (parte bianca
- ; solo)
- 1 cucchiaino di foglie di timo tritate
- 6 once di mascarpone
- 2 cipolle; tritato
- 1 libbra di riso Arborio o cararoni
- 1 bicchiere di vino bianco secco
- 3 once Parmigiano grattugiato
- 4 cucchiai Prezzemolo tritato
- Sale e pepe nero macinato
- Semi di girasole; tostato

## Indicazioni:

a) Sciogliere metà del burro in una padella, aggiungere le cipolle, il timo e i porri e farli appassire per 5-6 minuti. Aggiungere il riso e cuocere fino a quando non sarà completamente ricoperto di burro.

b) Sfumate con il vino, mescolate poi aggiungete il brodo poco alla volta e fate cuocere per circa 15 minuti. Unite poi il mascarpone e poi il parmigiano.

c) Aggiungere il prezzemolo tritato e il resto del burro per dare una lucentezza setosa al piatto. Condite con pepe nero macinato e sale e mescolate ancora.

d) Adagiare il risotto in un piatto e guarnire con prezzemolo e semi di girasole tostati.

## 89. Risotto al pesto di noci

Resa: 4 porzioni

## Ingredienti:

- 1½ cucchiaio di olio vegetale
- ¾ tazza di cipolla, tritata
- 1 tazza di riso Arborio
- 3 tazze di brodo di pollo magro
- ¼ tazza di pesto quasi senza grassi
- ½ tazza di noci
- ¾ tazza di parmigiano
- Pepe nero appena macinato

## Indicazioni:

a) Scaldare l'olio in un piatto adatto al microonde da 2 quarti su High per 2 minuti. Unire la cipolla e cuocere a fuoco alto per 2:30. Mescolare il riso per ricoprire d'olio e cuocere 1:30. Aggiungere 2 tazze di brodo e cuocere a fuoco alto per 14 minuti, mescolando una volta.

b) Aggiungere il brodo rimanente e il pesto e cuocere per 12 minuti, mescolando una volta. Testare la cottura durante gli ultimi minuti di cottura. Togliere dal microonde e unire le noci e il parmigiano. Servire subito.

## 90. Risotto alle otto erbe

Resa: 4 porzioni

**Ingredienti:**
- Olio extravergine d'oliva
- 1 Spicchio d'aglio
- 7 once di riso antiaderente
- 1 bicchiere di vino bianco
- 4 pomodori pelati; tritato
- Sale
- 1 pezzo di burro
- 4 cucchiai di Parmigiano Reggiano
- 3 cucchiai di panna
- 6 foglie di basilico
- 4 foglie di salvia
- 1 ciuffo di prezzemolo
- Pochi aghi di rosmarino fresco
- 1 pizzico di timo
- 1 Ciuffo di erba cipollina

- 3 rametti di aneto fresco

**Indicazioni:**

a) Tritare finemente le erbe aromatiche e friggerle leggermente in poco olio d'oliva, con l'aglio.

b) Nel frattempo cuocete in acqua salata i pomodorini tagliati a pezzetti.

c) Eliminate l'aglio e aggiungete il riso, fatelo rosolare brevemente e sfumate con un bicchiere di vino bianco.

d) Quando il liquido sarà evaporato, aggiungete i pomodorini tagliati a pezzetti.

e) Aggiungere una noce di burro, abbondante parmigiano e alla fine qualche cucchiaio di panna.

## 91. Risotto al vino bianco frizzante

Serve 4

## Ingredienti:

- 1 cipolla, sbucciata e tritata finemente
- Da 1/2 a 1 bottiglia di Spumante Secco
- 1/4 di gambo di sedano, tritato molto finemente
- 1,2 litri (2 pinte) di brodo di pollo
- 75 g (3 once) di burro non salato
- sale marino e pepe nero appena macinato
- 400 g (14 oz) preferibilmente di riso Arborio
- 50 g di Grana Padano grattugiato

## Indicazioni:

a) Friggere la cipolla e il sedano molto dolcemente in metà del burro fino a renderli morbidi e traslucidi.

b) Aggiungere tutto il riso e tostare i chicchi, rigirandoli nel burro e nella cipolla fino a quando saranno ben caldi ma non dorati.

c) Versare in un bicchiere grande colmo di Spumante e mescolare fino a quando l'alcol non sarà evaporato, quindi aggiungere altro vino e ripetere.

d) Quando tutto il vino, tranne un ultimo bicchiere, sarà esaurito e i vapori dell'alcool saranno evaporati, iniziate ad aggiungere il brodo caldo.

e) Mescolate continuamente e fate assorbire tutto il liquido prima di aggiungerne altro.

f) Continuare a cuocere il riso in questo modo, mescolando e facendo in modo che il riso assorba sempre il brodo prima di aggiungere altro liquido.

g) Quando il risotto sarà cremoso e vellutato, ma i chicchi di riso sono ancora sodi al morso, toglietelo dal fuoco e mantecate con il burro rimasto, il formaggio e l'ultimo bicchiere di Spumante.

h) Regolare di condimento e coprire per circa 2 minuti, quindi mescolare ancora una volta delicatamente e trasferire su un piatto caldo.

# 92. Risotto alle mele

Resa: 1 porzione

**Ingredienti:**

- 2 cucchiai di burro dolce; più 2 T
- 2 cucchiai di olio d'oliva vergine
- 1 cipolla rossa grande; tritato
- 2 mele Granny Smith, sbucciate, senza torsolo; affettati pezzi da 1/8".
- 1½ tazza di riso Arborio
- 1 tazza di vino bianco secco
- 4 tazze di brodo di pollo fatto in casa
- ¼ tazza di Parmigiano-Reggiano grattugiato fresco
- 1 mazzetto di prezzemolo italiano a foglia piatta
- Sale e pepe nero macinato; assaggiare

**Indicazioni:**

a) Scaldare 2 cucchiai di burro dolce e olio d'oliva vergine fino a quando non si saranno sciolti insieme.

b) Aggiungere la cipolla e cuocere a fuoco medio fino a quando non sarà morbida e non ancora dorata. Aggiungere le mele e il riso e cuocere per circa 3-4 minuti, finché il riso non avrà acquisito una qualità opaca perlacea. Aggiungere il vino e far sobbollire finché non sarà evaporato.

c) Aggiungere abbastanza brodo di pollo caldo per coprire il riso e cuocere fino a quando il livello del liquido scende sotto la parte superiore del riso.

d) Continuare la cottura, aggiungendo brodo e mescolando continuamente fino a quando la maggior parte del brodo non sarà esaurito, circa 15-18 minuti.

e) Unire i restanti 2 cucchiai di burro, formaggio grattugiato e prezzemolo e condire con sale e pepe. Servire subito con altro formaggio grattugiato a parte.

## 93. Frittelle di risotto alle fragole

Resa: 1 porzione

**Ingredienti:**

- Fragole; tritato
- Riso Arborio
- Cipolle tritate
- Burro
- Latte di cocco
- Crema
- Brodo vegetale
- vino bianco
- Frittelle già pronte
- Zucchero
- Burro
- Limone
- Arance
- Lime
- Brandy

**Indicazioni:**

a) Mettere un po' di burro in una padella calda. Aggiungere l'olio d'oliva, le cipolle e cuocere fino a doratura, quindi aggiungere il riso e far rosolare.

b) Aggiungere il vino bianco, le fragole e il brodo vegetale. Mescolare bene. In un tegame scaldate altre fragole e aggiungete lo zucchero e il brandy. Unite questo al risotto con un po' di burro, latte di cocco e panna montata.

**Pancakes:**

c) Scaldare un po' di burro in una padella e aggiungere lo zucchero, il limone, il succo d'arancia e lasciare dorare. Introdurre le frittelle nel composto e guarnire con la scorza di limone, arancia e lime.

d) Aggiungere il brandy e il flambé, quindi aggiungere il succo di arancia e limone.

e) Servire con un po' di gelato al cocco.

## 94. Risotto zucca e mele

Resa: 8 porzioni

## Ingredienti:

- 2 tazze di zucca al forno; frullato
- 2 tazze di sidro di mele; o succo di mela
- 2 cucchiai di olio d'oliva; diviso
- 2 tazze di riso Arborio
- 2½ tazza di acqua calda; diviso, fino a 3 Tazze
- ½ tazza di cipolla tritata
- ½ tazza di mele sbucciate; senza semi e tagliati a dadini
- ¼ tazza di peperone rosso arrostito; sbucciato, privato dei semi e tagliato a dadini
- ½ peperoncino scozzese; senza semi e tritato OPPURE 1 cucchiaino di salsa piccante in bottiglia
- ¼ tazza di peperoncino poblano arrostito; sbucciato, privato dei semi e tagliato a dadini
- ½ cucchiaino di cannella in polvere
- ¼ cucchiaino di pimento macinato
- 2 cucchiai di maggiorana fresca

- 1 cucchiaino di sale
- ¾ cucchiaino di pepe nero macinato fresco
- ¼ tazza di semi di zucca sgusciati

**Indicazioni:**

a) Metti 1 tazza di purea di zucca in una casseruola con sidro o succo. Portare a ebollizione, cuocere fino a quando non è caldo, circa 2 minuti. Mettere da parte, tenere al caldo.

b) In una casseruola a parte, scaldare metà dell'olio a fuoco medio-basso. Aggiungere il riso; soffriggere fino a quando ogni chicco è ricoperto di olio. Mescolare in 2 tazze di acqua calda; portare a sobbollire. continuate la cottura e mescolate fino a quando la maggior parte dell'acqua sarà assorbita.

c) Aggiungere la miscela di zucca e sidro ¼ di tazza alla volta, alternando con l'acqua calda rimanente, mescolando e facendo cuocere lentamente tra ogni aggiunta fino a quando il liquido non viene assorbito e il riso è al dente, circa 20 minuti. Togliere dal fuoco; tenere caldo.

d) In una padella media, scaldare l'olio rimanente a fuoco medio-basso. Soffriggere la cipolla fino a renderla morbida, circa 2 minuti. Aggiungi la mela; cuocere 1 t0 altri 2 minuti.

Unire il peperone, i peperoncini, le spezie secche e la restante purea di zucca.

e) Mescolare la miscela in riso caldo. Poco prima di servire, mantecare con i semi di zucca e aggiustare di condimento. Per 8-10 porzioni.

## 95. Risotto all'arancia

Resa: 4 porzioni

## Ingredienti:

- 1 cipolla media, tritata
- 2 cucchiai di olio vegetale
- 1 tazza di riso integrale
- 4 tazze di brodo vegetale
- 1 libbra di tofu sodo, tagliato a strisce
- 1 lattina piccola per annaffiare le castagne, scolate, sciacquate e affettate sottilmente
- ½ tazza di uvetta
- 2 cucchiaini di Tamari
- 1 Arancia, spremuta e scorza grattugiata
- 1 pizzico di cannella
- 2 cucchiai Prezzemolo, tritato
- Sale e pepe, a piacere
- 4 cucchiai di anacardi

## Indicazioni:

a) Soffriggere la cipolla nell'olio a fuoco moderato per 2 o 3 minuti, mescolando di tanto in tanto. Unire il riso e cuocere per 1 minuto. Versare il brodo, coprire e portare a bollore. Abbassate la fiamma e fate sobbollire per 40 minuti.

b) Mentre il riso cuoce, unire le strisce di tofu, le castagne d'acqua, l'uvetta, il tamari, la scorza d'arancia e il succo. Aggiungere la cannella e il prezzemolo. Accantonare.

c) Quando il riso è cotto, unire la miscela di tofu e scaldare delicatamente. Condire con sale e pepe. Servire caldo guarnito con le noci.

## 96. Risotto pesca e uvetta

Resa: 4 porzioni

## Ingredienti:

- 2 confezioni di pesche sciroppate surgelate
- Scongelato (10 once ciascuno)
- 4 cucchiai di burro non salato o
- Margarina
- ½ tazza di ribes
- 1 tazza di riso Arborio
- 2 cucchiai di rum scuro
- 2 cucchiai di zucchero semolato
- ½ tazza di panna
- zucchero di canna

## Indicazioni:

a) Scolare le pesche, riservando lo sciroppo. Tagliare le pesche a pezzi da ½ pollice. In una casseruola media, unire lo sciroppo con acqua a sufficienza per misurare 4 tazze.

b) Portare a bollore e far cuocere a fuoco moderato. In una casseruola capiente non reattiva o in una casseruola ignifuga fate sciogliere 2 cucchiai di burro a fuoco moderato.

c) Aggiungere il ribes e cuocere per 2 minuti. Aggiungere il riso e mescolare per 1-2 minuti, finché non sarà ben ricoperto di burro e leggermente traslucido. Aggiungere il rum e cuocere fino a quando non sarà evaporato.

d) Aggiungere $\frac{1}{2}$ tazza di sciroppo bollente e cuocere, mescolando continuamente, fino a quando il riso non avrà assorbito gran parte del liquido. Regolare la fiamma se necessario per mantenere la cottura a fuoco lento.

e) Aggiungere gradualmente lo sciroppo, $\frac{1}{2}$ tazza alla volta, cuocere, mescolando continuamente, fino a quando il riso non sarà. Aggiungere lo zucchero semolato, le pesche messe da parte e la panna.

f) Continuare a cuocere, mescolando e aggiungendo lo sciroppo se necessario, $\frac{1}{4}$ di tazza alla volta, fino a quando il riso è tenero ma ancora sodo e viene legato con una salsa cremosa, 3-6 minuti in più.

g) Unire i restanti 2 cucchiai di burro e servire subito. Passare una ciotola di zucchero di canna a parte.

# 97. Risotto agli agrumi

Resa: 2 porzioni

ingredienti

- ½ cucchiaio di olio d'oliva
- 1 spicchio d'aglio
- ½ cipolla
- ¾ tazza di riso a grani corti
- 1 cucchiaino Scorza di limone grattugiata
- 1 cucchiaino Scorza d'arancia grattugiata
- ⅛ tazza Succo di limone
- ¼ tazza di succo d'arancia
- 1¾ tazza di verdura calda. brodo o acqua
- ½ cucchiaio Scorza d'arancia grattugiata
- ½ cucchiaio Scorza di limone grattugiata

**Indicazioni:**

a) Scaldare l'olio in una padella capiente. Aggiungere l'aglio e la cipolla e cuocere a fuoco basso per 2-3 minuti. Unire il riso, facendo in modo che i chicchi siano ben ricoperti dall'olio.

b) Aggiungere il limone grattugiato e la scorza d'arancia, i succhi, il brodo o l'acqua.

c) Portare a bollore poi abbassare la fiamma a bollore.

d) Coprire e cuocere per 25 minuti o fino a quando il riso è tenero.

e) Disporre il riso su un piatto da portata, guarnito con la scorza di limone e arancia grattugiata insieme.

f) Servire subito

# VIALONE NANO

## 98. Risotto ai quattro formaggi

Serve 4

**Ingredienti:**

- 75 g (3 once) di burro non salato
- 5 cucchiai di Grana Padano grattugiato
- 1 cipolla piccola o media, sbucciata e tritata finemente
- 40 g (1 1/2 oz) di fontina, a cubetti
- 350 g di riso Vialone Nano
- 40 g (1 1/2 oz) di formaggio Emmenthal, a cubetti
- 1,2 litri (2 pinte) di brodo
- 25 g (1 oz) Gorgonzola o Dolcelatte
- Sale marino e pepe nero appena macinato

**Indicazioni:**

a) Friggere la cipolla con metà del burro per circa 10 minuti a fuoco molto basso, o finché la cipolla non sarà morbida ma non colorata.

b) Incorporate il riso e fate tostare bene i chicchi su tutti i lati, in modo che siano opachi ma non colorati.

c) Aggiungere il primo mestolo di brodo caldo e mantecare.

d) Quindi continuare normalmente, aggiungendo il brodo, lasciando che il riso assorba il liquido e tutto il suo sapore, mescolando continuamente.

e) Quando il riso sarà quasi completamente morbido e cremoso, mantecare con tutto il formaggio e il resto del burro.

f) Assaggiate e aggiustate di condimento, quindi coprite e fate riposare per circa 3 minuti prima di trasferire su un piatto da portata per servire.

# RISOTTO BALDO

## 99. Risotto ai funghi e asparagi

Porzioni: 4

## ingredienti

- 7 tazze di pollo o brodo vegetale con poco sale
- Sale kosher
- 1/4 tazza di olio extravergine di oliva
- 1-1/4 tazze di scalogno tritato
- 2 cucchiaini aglio tritato
- 7 once funghi bianchi, cremini, ostrica o portobello, privati del gambo, puliti e tritati grossolanamente (2 tazze)
- 12-1/4 once (1-3/4 tazze) Riso baldo turco
- 1/2 bicchiere di vino bianco secco
- 6 once asparagi medi (circa 10), rifilati e tagliati in diagonale in pezzi da 1 pollice (1 tazza)
- 1 oncia. Pecorino Romano o Parmigiano-Reggiano, grattugiato finemente
- Pepe nero appena macinato

**Indicazioni:**

a)  Mettere il brodo in una casseruola da 3 litri, aggiungere un pizzico di sale e portare a bollore a fuoco alto; abbassare la fiamma per mantenere la cottura a fuoco lento.

b)  Scaldare l'olio in una pentola larga e resistente da 5 a 6 quarti a fuoco medio-alto. Aggiungere lo scalogno, abbassare la fiamma a fuoco medio e cuocere, mescolando di tanto in tanto, finché non sarà morbido e traslucido, per circa 3 minuti. Aggiungere l'aglio e cuocere, mescolando, finché non sarà morbido e fragrante, per circa 1 minuto. Aggiungere i funghi, alzare la fiamma al massimo e cuocere, mescolando spesso, finché non si ammorbidiscono, circa 2 minuti. Abbassare la fiamma a fuoco medio, aggiungere il riso e cuocere, mescolando spesso, finché il riso non sarà leggermente tostato, circa 3 minuti.

c)  Aggiungere il vino e cuocere, mescolando, fino a quando la maggior parte sarà assorbita, circa 30 secondi.

d)  Mescolare circa 1-1/2 tazze di brodo bollente nel riso. Abbassare il fuoco per mantenere il bollore e cuocere, mescolando spesso, finché la maggior parte del brodo non viene assorbito, circa 1 minuto. Aggiungere un altro 1-1/2 tazze di brodo e cuocere, mescolando spesso, finché la maggior parte di esso non viene assorbito, circa 3 minuti. Ripetere il processo ancora una o due volte, assaggiando il riso ogni pochi minuti dopo la terza aggiunta di brodo fino a quando non sarà appena sodo al morso ma senza un centro croccante, circa 12 minuti dopo la prima aggiunta di brodo.

e) Unire gli asparagi e 1 tazza di brodo. Coprire, abbassare la fiamma al minimo e cuocere fino a quando gli asparagi sono croccanti e teneri e il riso tenero ma con una certa resistenza, circa 5 minuti. Togliere dal fuoco e incorporare il formaggio. Coprite e lasciate riposare per 5 minuti. Aggiustate di sale e servite subito, spolverando di pepe nero.

f) Asparagi Pepe Nero Cremini Funghi Aglio Sale Kosher Olio D'oliva

## 100. Risotto Spinaci E Funghi Di Stagione

Porzioni 2

## ingredienti

- 200 g di riso baldo turco
- 150 g di funghi di stagione puliti e tritati grossolanamente
- 1 cipolla sbucciata e tritata finemente
- 2 manciate di foglie di spinaci lavate e tritate grossolanamente
- 1 spicchio d'aglio sbucciato e tritato finemente
- 1 cucchiaio di parmigiano grattugiato finemente
- 2 noci di burro
- 1,5 litri di brodo di pollo o verdura
- 1 cucchiaio di olio d'oliva per servire - facoltativo
- 1 cucchiaino di peperoncino in scaglie per servire - facoltativo

## Indicazioni:

a) Per prima cosa, in una pentola capiente, portate a bollore il vostro brodo e poi lasciate cuocere a fuoco lento.

b) In una casseruola a parte, fate sciogliere il burro a fuoco medio e aggiungete la cipolla.

c) Friggere la cipolla dolcemente per un paio di minuti fino a quando non inizia a sudare.

d) Ora aggiungi l'aglio e continua a cuocere per altri 2 minuti.

e) Quando la cipolla avrà iniziato ad ammorbidirsi, aggiungete il riso nella padella con un pizzico di sale e mescolate per ricoprire i grani nel composto di cipolla e burro.

f) Ora aggiungete i vostri funghi, mescolate con il riso e mescolate delicatamente per un minuto.

g) Prendete un mestolo di brodo, aggiungetelo ai funghi e al riso e mescolate delicatamente con un cucchiaio di legno fino a quando il liquido sarà quasi evaporato.

h) Ora prendi un altro mestolo di brodo e ripeti il procedimento, mescolando delicatamente fino a quando il liquido non sarà evaporato.

i) Continuate ad aggiungere il brodo, un mestolo alla volta, e mescolate fino a farlo quasi evaporare.

j) Continua a fare una prova di assaggio e quando il tuo riso è al dente e hai una salsa melmosa, il tuo risotto è cotto.

k) Togliete il risotto dal fuoco, aggiungete una noce di burro e il vostro parmigiano e mantecate con il riso.

l) Ora aggiungete le vostre foglie di spinaci, mettete un coperchio sulla padella e lasciate riposare per 5 minuti.

m) Dopo 5 minuti togliere il coperchio, unire gli spinaci appassiti e servire.

n) Se vi piace, aggiungete un filo d'olio d'oliva e spolverate con scaglie di peperoncino prima di mangiare.

## CONCLUSIONE

Il risotto è così confortevole ed elegante allo stesso tempo. Adoro il fatto che tu possa prepararlo praticamente con qualsiasi tipo di brodo o brodo che hai a portata di mano, aggiungere le verdure che preferisci e guarnirlo con qualsiasi cosa, dai gamberetti arrosto alle grosse scaglie di parmigiano.

www.ingramcontent.com/pod-product-compliance
Lightning Source LLC
Chambersburg PA
CBHW070500120526
44590CB00013B/706